启真馆 出品

E. M. Cioran

解体概要

Précis de

Décomposition

［法］E. M. 齐奥朗 著　王振 译

ZHEJIANG UNIVERSITY PRESS
浙江大学出版社
·杭州·

图书在版编目（CIP）数据

解体概要 / （法）E. M. 齐奥朗著；王振译. -- 杭
州：浙江大学出版社，2022.9
ISBN 978-7-308-22787-2

Ⅰ. ① 解… Ⅱ. ① E… ② 王… Ⅲ. ① 解构主义—研究
Ⅳ. ① B089

中国版本图书馆CIP数据核字（2022）第111601号

解体概要

〔法〕E. M. 齐奥朗　著　王　振　译

责任编辑	王志毅
文字编辑	孔维胜
责任校对	黄国弋
装帧设计	周伟伟
出版发行	浙江大学出版社
	（杭州市天目山路148号　邮政编码 310007）
	（网址：http:// www.zjupress.com）
排　　版	北京楠竹文化发展有限公司
印　　刷	北京中科印刷有限公司
开　　本	880mm × 1230mm　1/32
印　　张	9
字　　数	119千
版 印 次	2022年9月第1版 2024年12月第2次印刷
书　　号	ISBN 978-7-308-22787-2
定　　价	49.00元

浙江大学出版社市场运营中心联系方式：（0571）88925591；http://zjdxcbs.tmall.com

目　录

解 体 概 要

我将以黑暗的绝望反对我的灵魂,

我将是我的敌人。

——《理查三世》

狂热谱系学

就其本身，每一想法，皆中性者，或应如此；然人予之生命，投入热情与疯狂；邪恶思想，化为信仰，寓于时间，象形事件：从逻辑到癫痫的过程完美熟练……因此，意识形态、教条学说、血腥闹剧，一一登场。

盲目崇拜以本能，我们将梦寐之物和有利之事变成无条件者。历史仅仅是一场场伪绝对的游行，乃一座座以借口为基的神庙，乃精神之堕落于不可证明者的面前。即便人类远离宗教，仍臣服之；竭力锻造神的偶像，疯狂接受之：其虚构欲胜真相欲，其神话欲胜荒唐欲，其崇拜力，乃其种种罪恶的祸首：过分爱一神明，强迫他人拜之，若不从之，则伺机杀之。伐异党同，坚定信念，劝诱改宗，无一不彰显狂热的兽性本色。一旦失去冷漠的能力，人将成为潜伏的凶徒；一旦将自己的想法变成神明，后果难估。我们杀戮，唯以神之名，或以其赝品之名：由理性女神、民族阶级、国家种族引起的暴行皆宗教裁判或宗教改革所为者之血缘。狂热的时代皆扬名于嗜血的功业：大德兰[1]的圣名与火刑架的灰烬同处一个时代，路德的新教与屠杀农民的血腥同处一个时代。在一场场神秘主义的危机里，受害者的呻吟平行于狂热者的高潮……绞架、囚室、役所只有在信仰的阴影中才能繁殖——必须相信点什么的需要已永远寄生于精神。与主宰真理，有其自己真理的人相比，魔鬼也显得苍白了。我们皆于尼禄不义，于提比略不公：他们没有发明"异端"，他们仅仅是恶化的妄人，以屠杀作乐。真正的恶人是他们，立正统于宗教，树正确于政治，辨别信徒和叛徒，区分忠臣和乱党。

不承认观念之可互换，则血流成河……坚定的决心下，立一杀人的刀；怒红的双眼里，见一杀人的心。优柔寡断的精神，哈姆雷特的病态，从未产生危害：恶的原理在于意志的紧张，在于寂静主义的失效，

---

[1] 大德兰，即圣女大德兰（1515—1582），是 16 世纪的西班牙天主教神秘主义者、加尔默罗会修女，同时为天主教会圣人。

在于一种族的普罗米修斯的狂妄，这样的人膨胀于理想，爆炸于信仰，他们，因为皆热衷于嘲讽怀疑和懒惰——此恶习更高贵于其所有的美德——而步入沉沦，步入历史，步入平庸和天启的野合。种种确信盛产于此：消除之，尤其消除其后果，你便能重建天国。什么是堕落，若非真理之追求，发现之担保，教条之热情，学说之创立？狂热产生——一重大的缺陷，使人爱效率，爱预测，爱恐怖——一抒情的麻风，感染灵魂，且压迫之，毁灭之，或增强之……逃脱者，唯怀疑论者（或懒惰者和唯美者），因为他们不提意见，因为——人性之真正的贡献者——他们破除偏见，分析疯癫。相比和圣保罗同道，我觉得与皮浪为伍更加安全，原因是一妙语连珠的智性比狂风暴雨的神性温柔。在一狂热的精神里我们必会发现乔装成猎物的野兽，我们根本无法抵御先知的利爪……一旦他升起嗓门，或名以天国，或以其他借口，则疏远他：你孤独的放荡者，他不会原谅你，因为你生活在他的真理和他的狂怒中；他的歇斯底里，他的善良正义，他欲分享与你，强加于你，改变你。一人皈于一信仰而不传道他人——乃一外星现象，救赎之紊念使生活窒息。看看你的周围：处处传道的魔鬼；每一机构都在翻译布道；市政大厅有其绝对，如同神庙；行政机关，则有其规章——管理猴子的形而上学……人人尽力救治人人的生活——行乞者，甚至无救者，皆憧憬之——大街小巷，各所医院，革命志士，泛滥其中。将是风云的源头，此欲望作用于每一人如同一精神的紊乱或思想的诅咒。社会——一救星群集的地狱！第欧根尼提灯寻觅什么，乃一冷漠者……

听够了，听某人诚心谈论理想，谈论未来，谈论哲学，听见他说"我们"以保证的口吻，听他支持"他们"，自命为其代言人——足够我视他为敌人。在他那里，我看到一不才的暴君，一粗疏的刽子手，他同等可恨于暴君，于精湛的刽子手。因为每一信仰皆行一恐怖，更悚然者，乃"纯洁者"成为其代理者。我们疑虑滑人，疑猜滑民，疑惑滑头；可是我们不能归罪于他们以任何的历史动荡；信仰之虚无，他们不搜查你们的内心，也不挖掘你的动机；他们弃你于你的懒散，于你的绝望，于你的无用；人类所知之繁荣时机皆归因于他们：是他们医治了狂热的痛苦，是他们补救了"理想"的破灭。不以教条，以任性，以兴趣，以随和的恶习，他们的破坏千倍好受于铁律专制所造成者；因为生之不幸皆来自一"人生观"。一老练的政客当深究古代的诡辩者，以歌唱为功课——以腐败为导师……

狂热者，他，乃不可腐败者：若因一观念他害命，那么他也能因一观念而送命；此两种情况里，暴君或烈士，皆一怪物。人类之最危险者莫过于信仰之受害者。大暴君皆招募于没被砍头的烈士中间。消灭权欲，遥遥无望，痛苦袭来，油泼火上。因此智者宁安居于假好汉的社会而不冒入真烈士的国家。最令其作呕之景观莫过于以身殉道……厌于崇高，倦于杀戮，他梦寐一世界级的乡村无聊，梦寐一萧条如此的历史，怀疑像一事件，希望像一灾难。

反先知

每一人心，蛰一先知，其苏醒时，多一小祸害于世……

布道疯狂扎根人心，自卫本能不测其深。人人伺机，以建议种种事宜：无论什么。他有一说：此足矣。我们则为不聋也不哑而代价惨重。

从清道夫到势利鬼，人人兜售其罪恶的慷慨，人人派送幸福的秘诀，人人欲指示人人：生活，以共同，则不可忍，以自我，则更不可忍——不介入他人的事务，我们不能安心于我们自己的事业，将我们的"自我"变成宗教，或成为对方的使徒，我们否认：我们乃宇宙游戏的受害人……

答案的数量以其无用匹配存在的问题。历史：观念的工厂……疯狂的神话，游牧的疯狂和隐居的热情……回避种种现实，饮下种种虚构……

我们行动的源头在一无意识的倾向，自视为时间的中心、动机和结局。我们皆为肉体和意识的包裹，我们的反应和我们的傲慢变之为行星。若我们有正见于我们在世界中的地位，若比较不能脱离于生活，我们卑微存在的启示将使我们崩溃。而生存，就是不见自己的维度……若我们所有的行为——从呼吸到帝国之创立或形而上学体系之发明——皆产生一自身重要性的幻觉，那么先知本能理所当然。谁，明以无用之身，图为有用之人，且自命为救星？

思念世界无理想，思念痛苦无解脱，思念永恒无生命……天国……但无我们的幻觉，我们不能多活一秒：每一人心的先知正是疯狂的种子，使我们繁荣在我们的空虚中。

至清醒，而至正常，除了内心的虚无，人无任何的救赎……我设想听见："夺走目标，夺走一切的目标，我只保留欲望和苦涩的配方。"拒绝了终结的诱惑，我战胜了我的精神，同样我战胜了生活，以惧于求一"答案"。人类壮举——令人作呕！爱情——两唾液的交锋……所有感性取其绝对于腺体的悲剧。高贵只存在于存在的否定中，只存在于破相的微笑中。（从前我有一"我"，如今我只是一个物……我尝遍孤独之毒，我记得世界之毒都太弱了。杀掉我的先知，我何能继续立足于人类中间？）

在定义的墓园中

我们是否有充分理由设想一人如此呼吁："万物出现无目的，因为我予定义于万物。"若我们能设想之，如何确定其在期限中。

围绕我们者，我们支持之，进而我们予之名字——而后忽视之。但以一定义理解一物，无论多么任意的定义，且越严肃者，乃越任意者，因为人的灵魂总先于人的意识——乃抛弃之，乃除其味而废其用，乃消灭之。懒散空虚之精神——融入世界只能以入眠的恩典——除非扩大万物之名，除非清空它们，除非以程式代之，有何作用？而后，它发展以事物的残骸，无论多少感觉，只是回忆而已。一程式下一尸体：生命或非生命皆死于它们所引发的借口。此乃精神的放荡，轻浮而阴森。且此精神已白费于其所命名者和所控制者中。精神，情钟于言，恨沉重无声的神秘而轻之、洁之：且精神也将是轻而洁的，因为轻了一切和洁了一切。定义之恶习使精神变成了一温柔的刺杀者，一平庸的受害者。

就这样灵魂泼上精神的污迹被去掉了，乃唯一者使精神想起自己是活的。

文明与轻浮

一切作品与大作，我们何能忍受其厚重及粗糙的深刻，若于其经纬，莽夫与妙人皆不曾点缀精细的轻蔑流苏及冲动的讽刺穗子？感性，无力与有礼已加之于聪明病和无聊病，若是因精致使其既高居又边缘于社会的快乐者不存在，我们何能忍受其法律、其道德、其条款？

必须感谢那些不滥用严肃的文明，它们与价值游戏，乐于创造之，也乐于毁灭之。知否，除希腊及法国之文明外，一更清晰而有趣的演示，以证明万物之优雅的虚无。阿西比亚德时代及法国十八世纪乃慰藉之两源。而其他文明，唯当其末日阶段，唯当其信仰崩溃，道德解体，才能品尝娱乐，以增添生活一无聊的滋味——值盛世，握大权，主未来，此两时代故知晓沉闷无视一切且通于一切。是否有信条优于德芳夫人者，年老、失明、英明的她，一面厌恨生活，一面品味其苦涩的甜蜜？

无一人直接达至轻浮。轻浮，乃一特权，一艺术；乃肤浅之调研，当其人发现一切确信之不可能，当其人作呕于确信；乃逃逸，远离天然之无底，通向虚无之深渊。

留下种种表面：为何不上风格的层次？是以此我们定义所有理性时代。表达以灵魂，优雅以直觉，在表达中，在优雅中，我们发现更多的幻觉；感情本身变成文明。皆听命于自己，毫无风雅的偏见，其人，乃一怪物。在自身中他只发现了黑暗的地区，其中游荡着急迫之恐怖与否定。以全部的生命知其将死，不能掩盖之，乃一个野蛮行为。真诚的哲学不承认文明的尊贵，其功能在于筛选我们的秘密，将它们打扮成珍贵的成果。因此，轻浮，乃如此之存在之最灵验的解药：以轻浮，我们滥用世界，掩饰我们的深奥之不当。无以其粉饰，何能不脸红于具有一灵魂？我们的孤独，是肤浅的，于他人，是地狱的！但，于他们是总是的，而于我们是有时的，是我们虚构我们的表面……

化于神之中

此精神，注意其可见的本质，受威胁于每一刻不为其接受的事物。注意——其特权之最大者——常见弃，听命于曾欲避之的种种诱惑，或将是邪恶神秘的猎物……孰不知它们，此恐惧，此颤栗，此眩晕，它们使我们近乎野兽，近乎最后的问题？

我们的膝盖，颤抖无屈服；我们的双手，求索无祈求；我们的目光，升起无一物……我们保持直立的骄傲以巩固我们的勇气，我们保持姿态的厌恶以免演示的危机，我们保留眼睑的庇护以掩饰无比荒唐的目光。我们的崩溃即将发生，但不是不可避免；此事故是离奇的，但绝非是全新的；一丝微笑已然破晓于我们的惊骇之地平……我们不会栽入祈祷……因为最终祂不会得胜；祂的至上，以我们的讽刺侮辱之；祂的恐怖，以我们的心灵消除之。若一如此的存在真实存在，若我们的脆弱强过我们的决心，而我们的深刻多过我们的审查，为何继续思考，既然我们的艰难将结束，我们的追问将中止，我们的惊骇将平静？原因极为浅显。每一绝对——个体的或抽象的——皆一方式，以回避问题；非只是回避问题，也是回避其根源，绝对，非他者，乃一意义之恐慌。

神：垂直的坠落，以我们的恐怖；霹雳的救赎，于我们的求索，无希望滥用之；直接的废除，以我们无人安慰而自愿孤独的傲慢；个体的前进，以徒劳；灵魂的失业，以无忧。

何等的出俗更伟大于信仰？真实，无以信仰，我们皆赴一无尽的死路。但即便我们知道虚无引向虚无，而宇宙只是我们忧愁的次品，堕落天国，头破大地，为何我们要牺牲这快乐？

我们世传之怯弱所出之解决乃最恶之背叛于我们思想得体之责任。被骗，被骗的生，被骗的死，此正是，人所为者。但，存在一神圣，保我们不灭于神之中，化我们的每一刻为我们永不为的祈祷。

死亡变奏曲

第一曲

正是因为基于虚无，甚至理由的影子也没有：我们才坚持活着。死亡是非常准时的，所有的理由皆可发现它的侧影。它是神秘的，于我们的本能，它成形，先于我们的反应，它是透明的，不以魅力，不以未知者的假诱惑。

以无用神秘的积累，以空洞意义的垄断，生激发更多恐惧于死亡：是生，最大之未知者。

能引向何方，如此多的空虚者，如此多的不解者？我们抓紧光阴，因死欲是非常逻辑的，故是非常无用的。若生得一理由于己——可见的，铁证的——将灭己；本能与偏见，一及精确，自动消散。一切息者滋养不可证明者；加一分逻辑，将取存在的性命——向无意义努力……予生活一精确的目的：它立马失去它的魅力。其末日的不明确使它高于死亡——一丁点精确就使它低下于坟墓般的平庸。因为一门生活意义的实证科学将在一天之内灭绝世界，狂人也无法复活欲望之丰富的不可能。

第二曲

　　人之分门，以最任性的标准：以其脾性，以其偏爱，以其梦想，以其腺体。改变想法似更换领带，因为，每一想法，每一标准，皆来于外界，来于时间的布局和意外。但有些东西来于我们自己，有些东西就是我们自己，一不可见的真实，但可心证，一非常而永恒的存在，我们能设想之，在每一刻，我们从无胆量接受之，其是真实的，只要先于其耗尽：是死，真实之标准……是它，所有生者之最奥秘的维度，分人类为两个范畴，彼此不合，彼此分离。两者的差距大于秃鹫鼹鼠之分，唾液星辰之别。不通的两个世界的深渊敞开于此两者的中间，一者有死亡的感觉，一者感觉不到死亡。而两者同时死；一者不知其死，另一者知之；一者，死瞬间，一者，死绵绵……其同情置其于彼此的对跖点上；于两极端和一定义之内；不可调和，两者遭相同的命运……一者生如不朽者；一者不断思索其永恒，且否定之，于每一次思索。

无物能改变我们的生，除非毁灭它的力量渐渐侵入我们的体内。唤醒它的新原因，无一来自我们的成长之惊奇，也无一来自我们的天赋之繁荣。于生命，它们皆天然者。自然者要不了我们的命，除了我们自己。

预示死亡的一切，添一新的品质于生命，修订之，增补之。如此，健康保存生命于一同一的不孕中；同时，疾病是一种行动的力量，乃最强烈，一人所能展现者，乃一狂热而……暂停的运动，乃最奢侈的能量之消耗，无以动作，乃敌对而热情的期待于一致命的闪电。

第三曲

希望之借口，理性之根据，皆不起作用于死之心魔：它们的不重要只能激发死亡的胃口。以征服此欲，唯有一计：供养之，直至死，享受其全部的快乐，忍受其全部的痛苦，无为以避之。一心魔，活腻了，就会死在自己的过分里。以强调死的无限，思想成功耗损死亡，引发我们反胃，消极的泛滥不惜一切，且先于损害和贬低死之名望，揭示我们生之虚空。

其人不醉心于剧痛的兴奋，不以思想品味其灭绝的危险，也不品尝残酷而甜蜜的毁灭，将不治于死之心魔：他将受其折磨，因为他的反抗——同时，其人中断一恐惧之演习，沉思自己的腐烂，毫不犹豫化自己为灰烬，他将注视死亡的经过——而他自己，将是一复活者，不再能活着。他的"方法"将治愈生的他，也将治愈死的他。

每一重大的实验都是有害的：存在之层不存在厚度；其人发掘之，心灵与存在之考古者，自觉，于其研究之后，于空虚深渊之前。他枉然悔恨外表的华丽。

因此古代的神秘，所谓之启示于终极之秘密，未遗传给我们一丝知识。无疑，传人是不得传密的；然而，不可思议者，乃众人中无一多嘴者；何者悖逆人性胜过于固执秘密者？是因为，秘密者，不存在；存在者，乃仪式和发抖。揭开帷幕，他们能发现什么，除非深渊，不是结果？唯有虚无的入门——唯有为人之荒唐的入门。

……且我梦想一醒心的艾留西斯[1]，梦想一清明的神秘，其无以神明，也无以幻觉的狂热。

顷刻之外

乃后悔之不能，养我们的万物之品味，使之尚存在：阻止我们尽其滋味而离去。当，在路上与海滨，

---

[1] 艾留西斯，古希腊时代与雅典齐名的神祇之城，位于雅典西北部约 20 千米。

我们的目光不愿投入它们，它们防卫，以令其惊叹的对象之乏味。我们的眼泪挥霍自然，如同我们的忧惧挥霍上帝……但，最后，它们挥霍我们自己。因为我们存在，只能以拒绝授权我们至高欲望的自由流行：事物，得我们赞美者，或得我们悲伤者，在此，只是因为我们既不会牺牲之，也不会祝福之，以我们清泪的诀别。

……因此每一夜之后，我们重新面对新的一日，弥补不可实现的必然使我们恐慌；流亡于光，似世界才开始，正发明它的星星，我们逃逸眼泪——一滴足以挤我们出时辰。

时间的支离

夫瞬间相随，一于一也：莫代之一内涵的幻象或一意义的表象；其自行自动；其行动，非我等行动；我等，凝视其流行，囚于麻木无知。心灵的空虚先于时间的空虚：双镜对照彼此缺席，同一形象无能为力……似是，以一梦痴之力，万物平等：无极高，无极深……于何也，发觉众谎言的诗意，于何也，解开一密语的针砭？

不识烦愁者，尚在世界的童年，于是也，岁月正待降生；他继续拒绝于此疲惫的时间，此时间也，继续存在，嘲笑自己的维度，不克固有的障碍……未来，连带物质，突然兴至否定的抒情。烦愁，回响也，于我等内心，以时间之裂……乃启示，以空虚也，乃枯竭，以此谵妄也，此谵妄维持生存，或发明人生……

价值之作者，人类也，一流疯狂的存在，苦于大物（quelque chose）存在之信仰，只要他克制呼吸：万物皆息；只要他暂停激动：无一微动；只要他消灭任性：众有平庸。夫真实，一创作也，以我等过分，以我等无度，以我等不常。一制动，于我等心悸也：世界缓其运行；无以我等热情，空间将有冰凌。夫时间本身流动唯以我等欲望生此堂皇世界，其不留一丝清醒。一点英明，现我等原初的形状：裸体者也；一些讽刺，脱我等此希望的奇装，其许我等自我欺骗，其让我等设想幻觉：凡道之反者，皆导致生存之外。烦愁，唯此羁旅之始也……使我等感觉时间悠长太甚，而无力于我等披露一终点。脱离万物，外食皆无，我等自毁于衰弱，以夫未来已止于与我等一存在因。

夫烦愁，展示于我等一永恒，非时间之超越者，乃时间之毁灭；乃缺乏迷信腐朽灵魂之无限也：一平庸的绝对，于是也，难阻事物，原地转圈，以求堕落。

生存，造于疯狂，败于烦愁。

（疾病明显者，无权抱怨：他有一业。大痛者，无烦愁：病盈之也，如悔恨之养大恶也。由于也，每一剧痛，呼一充实的幽灵，送一可怖的真实于人类的意识，意识不会避免它们，与此同时，痛苦之无端者，于烦愁中，于此暂时的哀伤中，不反对任何者强迫意识以一有效的方法。如何消除也，一疾恶者，位置无定，高度不明，袭击肉体，不留痕迹，渗入灵魂，不作标记？好比一疾病，我等不会死于它，但它会耗尽我等可能，浪费我等注意，使我等无力补之，苦恼之消失，痛苦之减轻，相继之空虚。夫地狱，一港湾也，相比此流浪于时间中，相比此萎靡之空虚者，于是也，莫阻止我等，除非此景色，夫世界腐蚀于我等眼前。

当用何疗法，于一疾病之无人记忆者，且其后果侵略我等日常？如何也，发明一方医药存在，如何也，了结此无尽的痊愈？如何也，回到自己的诞生？

烦愁也，此无药可救的康复……）

徒劳的傲慢

除希腊的怀疑论者和颓废的罗马帝君外，所有的才士皆似受役于治世的天职。唯有这两类人摆脱了，前者以怀疑，后者以发狂，成为有用者，此乏味的心魔。任性，升级为运动，或为眩晕，根据他们是哲学家，或昔日霸主的悔悟子孙，他们皆系于虚无：因而他们令人想到圣徒。但圣徒绝不会崩——他们被发现完全取决于他们自己的游戏，取决于其任性之主宰者和受害者——真正的隐士，因为他们的孤独是无果的。无人榜样之，他们也不推荐之；因此他们和他们的同类交流，只以讽刺和恐怖……

成为一哲学的解药，或一帝国的祸水：可能设想更为悲壮的傲慢？一手杀真理，一手杀伟大，疯狂，滋养心灵和城市；颠覆此诱人的建筑，立于其上思想家的自负和小市民的傲慢；喜悦力，设想而欲望之，柔顺而扭曲之；作废，以挖苦的细致和折磨的入微，传统的抽象与高贵的风俗——沸腾，何等精巧，何等粗暴！那里不存在魅力，那里诸神未死于我们眼底。在罗马，在那里诸神被代替，被引进，在那里眼见他们萎靡，何等乐趣，以求亡灵，且以此独一的畏惧：高尚的易变性屈服于某种严厉而邪恶的神性之攻击……此乃所发生者。

毁一偶像，不是易事：需同等时间，以推广之，崇拜之，摧毁之。因为只消灭其物质的象征是不够的，是幼稚的；还须消灭其根，于人之灵魂。如何转其目光于那些黄昏的时代——昔日清算于审查下，唯空虚能使之眩目——无以感动于此伟大的艺术，一文明之死亡？

……故我梦想成为其奴之一，来自一闻所未闻的国度，忧愁而残酷，以残喘一隐约的悲痛，在罗马的临终，装饰以希腊的诡辩。在半身塑像的空洞眼睛里，在失败迷信的衰落偶像里，我将发现我祖先的遗忘，发现我枷锁的遗忘，发现我悔恨的遗忘。结盟古代信条的忧郁，我解放了我自己；我将共享废神的神性，捍卫他们，反抗阴险的十字，反抗神仆和烈士的入侵，而且我的黑夜将求得安宁于罗马大帝们的疯狂和荒淫。专业于醒悟，以放荡智慧的全部箭镞射击新的狂热——周游高级娼妇，流连怀疑妓院，沉迷奢华残暴的竞技场，我将压迫我的理性以恶以血，以膨胀逻辑至其从未梦见的维度，死亡之世界的维度。

衰败的诠释

每一人皆天生一定之纯真，其注定败于交易与人及罪犯孤独。因为每一人为不可能者乃以不必是自己。同类者，非死，乃衰败之诱。不能保留干净之双手，也不能保护纯洁之心灵，我们玷污自己以接触外人的汗滴，恶心之渴望，腐臭之热衷，我们慵懒于全体一致的泥潭里。其时我们梦想七海皆化为圣水，乃太迟于我们投入其中，且深重的腐败阻止我们溺于其中：世界已侵入我们的孤独；我们的身上，他者的痕迹将是不可清除的。

种种造物，唯人令人经久厌恶。厌恶，于一野兽，乃一时者；其绝不会反复于思想中，而我们的同类纠缠我们的思索，渗入我们之脱离世界的机制以确证我们于我们否定及反对的体制。后每一对话，其精雅指于他一文明之独一水平，为何乃不可能者，不悔恨于撒哈拉，不嫉妒于草木或动物学之无尽的独白？

如果，以每一个字，我们胜利虚无一次，只是以更好于忍受其统治。我们死亡，与我们抛向周身的话语成比例……说之人，无秘密。我们说一切。我们背叛我们，我们展示我心；不可言的刽子手；每一人发奋，以毁灭一切神秘，始之于我们的神秘；我们同伴他人，乃同堕落于一朝向虚无的旅程，无论以观念之交换，或以供认，或以阴谋。好奇心不仅引发了第一堕落，而且引发了日复一日之不计其数的堕落。生活，只是急于堕落，急于出卖灵魂之贞洁的孤独以互说，只是古老而日常的天国之否定。人，应当只听自己，无尽狂喜于词之不可译，应当为其沉默和同意创造文字，唯其遗憾能被听到。但，他乃世界之话痨；他说，以他者之名；他的自我爱复数者。而，言说以他人之名，其人永远是一冒充者。政客，改革者，托辞以集体之一切者，皆诈骗者。唯有艺者，其谎言不是彻底的，因为其只发明自己。除外弃于不可交流，除外悬于我们之无慰而无声的激动中，生活，只是一爆裂，在无坐标的大地上，而宇宙，只是一癫痫发作的几何。

［多数沉默的"人们"和多数坦白的"我们"构成虚构存在的舒适庇护。唯诗人负责于"我"，唯他言以自己之名，唯他有如此之权。诗变质于沾染预言或教义："使命"窒息歌唱，理念枷锁飞翔。雪莱的"高贵"报废其绝大多数的作品；莎士比亚，因为幸运，从未"服务"过什么东西。

非真实性的胜利，完成以哲学的行动，即从"众"，以先知的行动（宗教的，道德的，政治的），即

"我们"的神化。定义，乃抽象精神的谎言；灵感的格言，乃活跃精神的谎言：一定义永远是一神庙的起源；一格言不可避免召集信徒；因此开始所有的教训。

为何无法转向诗歌？其——如生活——有说辞于不须证明。]

反死盟

如何设想他者的人生，其时我们像是几乎不可思议的？遇见一人，观其投入一不通而无理的世界，投入一信仰和欲望的团体，其叠于真实上，似一畸形的大楼。自制一谬误的体系，他苦于动机，其无用恐吓心灵，而投向于价值，其荒唐充满眼睛。其事业不像是他者之鸡零狗碎，其操心之狂热对称不是更好之创立于一无用之建筑？于外观，每一人的生之绝对皆显然是可互换的，而人之命运，尽管其本质不可免，但皆是任意的。当时我们的信念像是一轻浮狂乱的果实，如何宽容他者之狂热，于自己，及其自己的繁殖，于每日之乌托邦里？以何等的必要，此人自囿于一偏好之独特的世界，而那人自限于另一世界？

当时我们忍受一友人的秘密或一生人的隐衷，其秘密之泄露以惊愕充斥我们。其苦恼，我们当视之为悲剧还是闹剧？此完全取决于我们善意的程度或我们厌倦的状态。每一命运只是一间奏，摇摆于斑斑血迹的周围，乃以我们的心情，于其痛苦的陈列中，或看到一多余而消遣的品种，或一恻隐的借口。因为是不易的，同意以人为由的种种理由，只要我们离开他们，灵魂之问，同一不变：如何使他不自杀？因为自然者莫及于设想他人之自杀。其时我们以一惊心而易新的直觉，已隐约看见其本身的无用，任何不为如此者是不可理解的。自杀像是一幕剧，非常简明，非常简单！为何它是罕见的，为何人人回避它？因为，若理性否认生的欲望，延续我们行动的虚无是一种高于一切绝对的力量；它明示反死之凡人的默示同盟；它不只是存在的象征，而是存在本身；它是一切。而此虚无，此一切，不能予生一意义，但它能使生坚持其状态：一非自杀之状态。

形容词的至尊权

因为只能是有限的立场以面对最后的问题，精神囿于自己的扩张，因为天然的界限是不可改变的，因为无限增加致命的困难是没有可能的：历史学只重视一些问题及答案的变脸。精神之发明仅仅是系列的新定语；改名种种元素，于自己的词典中，为同一不变的痛苦搜索不常用的修饰语。我们永远有苦难，但我们的苦难或是"至高的"，或是"正义的"，或是"荒谬的"，根据种种维持于哲学之契机的整体之观看。厄运组织所有生命的经纬，但其模式发生了演变；它们组成了此系列的无法复原的形象，其诱使每一人相信他是第一人，有如此之痛苦。骄傲于此独一，唆使他热爱其痛苦且容忍之。苦海中，每一痛苦，唯我独尊，不逊于所有其他者。厄运之独创皆因口语之品质：孤立于词语和感觉的全体中……

修饰语之变：被称为精神之进。废除其全部：文明剩余何？智愚之分在于形容词的操作，其用法，无以多样，则为平庸。上帝，其本尊，存在只能以我们增补于祂的那些形容词；此乃神学的存在原因。因此，人类，以终生而不同之方式以修饰其厄运的单调，自辨于精神前唯以狂热之求索于一新的形容词。

[此求索是卑鄙的。表达之穷，乃精神之穷，发明以词语之穷、之尽、之败：种种表语，以之我们限定种种事物和种种感觉，最终皆倒在我们的面前，如同词语的腐尸堆。充满悔恨，我们瞥向那时，那时它们只散发恶臭。每一亚历山大主义皆白话词语之需求的登场，弥补其憔悴以活跃的精雅；但终于一疲倦中，精神和言说混淆于其中，腐烂于其中。（一文学及一文明之理想之最后阶段：设想我们为瓦雷里[1]，以尼禄的灵魂……）

只要我们的新鲜感和天真心重现喜悦于修饰语的世界，它们就繁荣以形容词，其一旦被剖析，则显明

---

[1] 瓦雷里（1871—1945），在塞特出生，在巴黎逝世，法国作家、诗人，除了小说、诗歌、戏剧，他还撰写了大量关于艺术、历史、文学、音乐、政治、时事的文章。

是不当不足的。我们谈论空间，谈论时间，谈论痛苦，它们皆是无限的；但"无限的"无更多意义于此："美的""崇高的""和谐的""丑恶的"……欲迫使自己观察词语的底部？在那里我们观看虚无，每一词语，卸于膨胀而丰饶的灵魂，皆是空零的。智慧力锻炼以投射光辉于它们上，以抛光它们，精炼它们，文化它们，使它们重现辉煌；此力量，立为体制，称为文化——乃烟花，一现于虚无的背景。]

安心的魔鬼

为何是创世者，如此平庸、如此愚钝、如此死板？为何他没有爱好，没有活力，没有真实，为何他与我们的相似之处如此之少？存在否，一形象，少人神之同形而多无端之差异？如何能设想祂，以如此苍白的知识，以如此残疾的力量？我们的力量逝去了哪里，我们的欲望流去了哪里？谁吞噬了我们额外的生活之放肆？

转向魔鬼？但我们不会向他祈祷：祈祷于他将是

反省，是祈祷于我们自己。我们不祈求于实际：确凿的证据不是崇拜的客体。所有我们的表征，我们已置入我们的复本，以庄严相凸显之，我们披之黑衣：我们的罪恶和我们的美德都在戴孝。以与之恶心与恒心，我们之主品性，我们耗尽自己于使之尽可能地活着；我们的力量皆尽于虚构其形象，以使之轻快、无常，使之聪明、可笑，尤其使之悭吝。安排以虚构创世者的能量之储备皆空。于是我们求助于我们的想象及我们剩余之丝毫的血气：创世者只能是我们贫血的产物：圣像，踉踉跄跄，弯腰驼背。祂，是温柔的，是善的，是至高的，是正义的。但谁清醒于其芬芳中，弃于超验的玫瑰水？一存在，表里一，则无深刻，则无神秘，无隐藏。孤独的邪恶是真实的迹象。若圣徒不是完全无欲无求的，是因为他们的高尚参与传奇而他们的永恒适于传记；其人生表明他们弃出世界，乃以一易感的风流，有时迷惑我们……

因此他享用祭品，魔鬼没有祭台：人自知于魔鬼而不崇拜之。憎恨之，以深思；自弃，而保持种种贫乏的神之属性。但魔鬼既不抱怨于，也不渴求于创立一宗教：我们不是在此以免其身名俱灭吗？

漫步在圆周上

一圆，囿种种存在于一希望和利益的集团，于其中，精神敌幻象，开新路，通中心与边缘。它再不能听见人世的嘈杂；它欲尽可能注视束缚人类的诅咒对称。处处可见烈士：一些人舍生于眼前的需要，另一些人献身于无稽的必然，皆想安葬自己的名字于一确信之下；而人人成，不可能，多数人，以平庸，补其梦想之血流……其人生形成于一无量而未用的死之自由：历史之无表情的大屠杀，万人坑吞没他们。

但，隔离狂，求索游牧不及之路，退向极边缘，演化以圆的轨迹，他不能越之，只要他服从于自己的肉体；意识，则飞向远方，完全之净化于一厌倦，无以有情，无以无情。不再痛苦，优于诱发死亡的种种借口，忘支持之人。更不实于一感知于一幻觉中的星辰，其暗示星旋的条件——同时，在生的圆周上，漫步之灵魂永远只相见其本身及应答空虚之召唤的无能。

生之安息日

若主日之午后延长为月，解脱于劬劳，自由于第一诅咒的压迫，人将至于何？值得一试。犯罪将是独一的娱乐，淫荡像是天真，咆哮像是旋律，嘲笑像是温存，是很可能的。时间之无量感化每一秒为凌迟刑，为枭首官。充满诗意的心灵皆被置入一麻木的相残和一贪狼的悲伤；屠夫刽子，血亏而亡；教堂妓院，呻吟而光。世界化为主日的午后……此乃厌倦之定义——及宇宙之死期……解除上悬历史的诅咒：它被立即废除了，以及在绝对的空虚中，炫耀其虚构的存在。成于虚无的劬劳伪造及巩固种种神话；基本的陶醉，以"现实"激发信念和维持信念；而纯存在的沉思，无关于姿态和客体的沉思，只能理解否定者……

不作者，懂更多事，皆深刻于作事者：无作而无限其视野；诞生于一无限的主日，他们注视——注视彼此的注视。懒钝，乃一生理的怀疑论，乃肉体之疑问。在一个狂热好闲的世界里，他们乃唯一者于不当刺客。但，他们不是人类之一部，且，劬劳不是其长处，他们活着无以受生之种种苦果及原罪之种种报应。不行善，也不作恶，他们——人类癫痫的观众——轻视时间的周期，鄙薄种种窒息良知的努力。为何他们将恐惧于某午后的无限延长，若不是悔恨于支持种种粗略基本的证据？于是，在真实中，愤怒引诱他们效仿他人，唆使他们爱上劳作的下流。乃危险，威胁懒钝——天国之神奇的残存。

（爱之唯一功能乃助我们挺过主日之午后，其残酷而无度，羞辱我们于一周之休息——于永恒。

无以祖传的痉挛之传动，我们将需千眼以藏眼泪，若非啃啮千米的指甲……否则如何杀死此不再流动的时间？在无休的主日里，存在之病自明无遗。有时我们会忘记自己在某些事物里，但如何忘记自己在世界本身里？此不可能乃此病的定义。感染者，绝无医，即便宇宙完全改变。独其心，将改变，但他是不可变

的；因而，于他，生存只有一义：投入苦海——直至
日常的涅槃练习使他入室非现实的感知……）

退出

曾于一医院之候诊室：一老妇解说其病于我……
人类之争论，历史之飓风——于其眼中，皆虚无种种：
其病，唯一之主宰，于空间中，于时间中。"我吃不下，
我睡不着，我害怕，我肯定有脓"，叫骂不休，抚摩下
颌，兴致勃勃，即便世界之命运皆系于其上，也不过
如此。一老朽之长舌妇，其自我之关注淫滥无度，先
使我不决于恐惧与厌恶之间；后使我离开医院，于轮
到我之前，决心永绝于我的痛苦……

"我之每一分之五十九秒，左思右想，于沿路上，
皆献于痛苦或献于……痛苦观。但愿得一石头的天
命！心：一切煎熬的源头……我渴望成为物体……渴
望得到物质及晦暗的天福。一飞虫之来回像是一天启
之行动。结束自我，乃一罪恶……风，气之狂！乐，
静之妄！面对生，以屈服，此世界背于虚无……我退

出运动和我的幻梦。缺席！你将是我唯一的光荣……
"欲望"将被永远抹煞于种种词典及种种灵魂！我隐
退，先于翌日之眩晕的闹剧。而若我尚保留某些希望，
则我已永久丧失希望的能力。"

间接的动物

乃一真正的溃败，当我们，以一激进的心魔，思
索人类的生存，其乃何等的存在——而不可能是其他
的存在。但他是何等的存在，千种定义发明之而无一
人信服之：定义越是任意，定义越似有理。 最灵的荒
唐和最笨的平庸适相等同。其属性之无限合作为我们
所能思议之最不明之存在。兽直去其目标，而人迂回
中失道；其乃出类间接的动物。其不可证的反应——
产生于意识的松懈——化之为一复原而思病者。他无
一是健康的，若非他曾是健康的。无论他是断翅的天
使，或是落发的猿猴，他能脱颖于造物的无名，乃恩
赐于其健康的消隐。他的恶血许可了不定者的渗入及
问题者的草图，他的病体安排了问号的入侵和惊号的

袭击。如何定义此病毒，腐蚀其昏睡，警醒之于存在之午休间？何等的魔虫占领了他的休息，何等的知识之原因迫使他行动之延迟，嫉妒之中止？谁引第一衰弱入其凶猛？超越其他物种的丰饶，他自创一更加微妙的混淆，他细心开发一失身生活之种种疾病。一切其所行，以治其身，生一愈奇病症：其"文化"只是努力以发现一不治状态的灵药——以希望。精神憔悴于健康的亲近：人是废物——或者说，人是虚无。其时，于思索一切后，他思索自己——为此，他只能以世界的迂回，如同他乃最后之问他提于自己——他继续是惊奇的和混淆的。但，他继续偏爱永久搁浅于其健康，其失败中的自然。

（自亚当以来，人类之一切努力乃修改人类。改革目标，教育目的，操作之代价以数据之不元，歪曲思想，误导运动。受教的、乐观的、中毒的本能乃知识之最凶的敌人，哲人不能避之：其体系如何将是无损的？除不可挽回者，一切皆虚；伪此文明，其欲攻之，伪此真实，其自备之。除古之怀疑论者及法国善恶学家外，举出一智者，其理论，或明，或暗，不以铸人为目的，将是困难的。但人继续是未变的，尽管他沿行高贵箴言的狭隘，以好奇，以热心，以迷惘。一切有情皆有自然地位，人继续是一形上流浪的造物，迷失于人界，奇异于创世。一有效之目的，于人类之历史，无人发现之；但人人举荐之；是一群奇异的目的，目的观被废除，消灭于智者的不文中。

每一人，以自我，忍受此灾难集团，人之现象。而时间之唯一意义乃繁衍此集团，不定增大此纵向的痛苦，其依靠以物质之虚无，以姓名之傲慢，以无救之孤独。）

忍字诀

以一同情泛滥的想象，记录所有的受苦，同在于所有的劳苦及任意瞬间的全部痛苦，其人——假设一如此的存在能够存在——将是一爱之怪物及最大受害者于心灵之历史。但乃无用者，我们设想一如此之不可能者。我们只需着手自我的检查，只需进行警报的考古。若我们提前生的酷刑，无阻此前进，除外我们的痛；他者的痛是可训的，可能是过期的：我们认为他们痛苦是因为不足于意志、勇气、清醒。每一痛苦，除外我们的痛苦，皆像是合法的或荒唐明显的；不然，哀痛将是唯一的恒定于我们感觉的无常。但我们只承受我们自己的哀痛。若我们能理解剧痛周游的无限及热爱死亡暗藏的有情，则我们需我们的心脏等量于痛苦的众生。而若我们有一极其真实的记忆，其维持我们昔日痛苦的全体，我们将亡于其压力。生，全赖于想象力和记忆力的缺损。

我们取我们的力量于我们的遗忘和我们的不能，我们不能于重现同步命运之多数于我们自己。无人能幸存于宇宙之痛的瞬间领悟，每一心脏存在于一定数量的痛苦。似乎存在实体的限制于我们忍耐；但，每一悲伤的膨胀，触及之，有时超越之：此常常是我们的毁灭之源。出于此印象，每一痛苦，每一悲伤，皆是无穷的。确实，它们是无限的，但只是于我们，于我们的心之界；若我们的心脏有巨大的空间，则我们的痛苦将更加巨大，既然每一痛苦代一宇宙，那么每一悲伤需一宇宙。理性徒劳于我们展示我们不幸之极低的比例；先于我们的倾向，它败于宇宙的蔓延。是因为真正的疯狂从不是由于变故或脑损，而是心灵伪造的错谬的空间观……

废除于自由

一救赎法，有否意义，唯以"存在等于痛苦"之公式。非突然之察觉，也非系列之推理，使我们得此等式，而是所有我们之瞬间的无意识制作，是我们所有体验的贡献，无论首足尊卑。当时我们具失望的种子且渴望其发芽，此世界每一步之废除我们希望的欲望增恶之纵欲的检查。论据后生；学说自成：尚存者，"智慧"之危险。但，若我们既不愿解脱于痛苦，也不愿克服种种矛盾及冲突，若我们宁愿未竟者的细腻及多情者的辩论，也不愿统一于一至高的绝境？救赎终结一切，终结我们。谁，一旦得救，敢再自称生人？

我们实存，唯以此拒绝解脱于痛苦，以反教之宗教的诱惑。救赎只纠缠刺客和圣徒，他们或杀生，或超物；他者——醉生梦死——自甘不善……

每一解放法皆谬于灭诗歌之意，亡未竟之气。诗人将背叛自己，若望于得救：救，歌之丧，艺之非，魂之否。如何感受一结果的连带？我们能精炼、修剪我们的痛苦，但以何手段我们能摆脱之而不自挂？从于恶咒，我们不存在，我们不苦难——灵魂，或强大，或灭亡，唯以所受之不可忍者的数量。

抽象的毒液

蔓延的疾病，弥漫的不宁，即便皆化为生理学，而重要者，乃以一逆步，反之为智慧之操作。若我们突显厌倦——世界的重言感，人生的忧伤波——以一演绎挽歌的庄严，若我们奉之一奇妙无果的诱惑？无以一高于我们灵魂的灵魂，其于肉体中沉沦——且生理学将是我们哲学迟钝的遗言。将速效的毒药变成智慧的货币，以工具的作用繁殖感官的腐败，或以种种标准，掩饰所有感情及所有感觉的不洁，此乃一优雅的追求，于精神不可缺少，相比之，灵魂者——悲怆的贪狼——唯深刻而阴险。精神，其本身，不能只是肤浅的，其本质，只关注概念事件的布局而不关注其种种隐义于其所指之范围。我们的状态关注之，只要它们是可转化的。因此忧郁出我们的肺腑，入宇宙的空无；但精神接受之，唯以清除其联系于感官之脆弱。精神译之；它将是精炼的，将是视点：范畴的忧郁。理论伺机获取我们的毒液，降低其毒性。此乃一堕落于上，精神——纯眩晕的爱好者——将是强度的敌人。

厄运意识

万物合力，元素行为，伤害于你。你假以轻蔑，孤守恶心堡垒，梦寐超人冷漠？时间之回声折磨你于其最终的缺席……当无能阻止你血流，种种想法血染其身，如同肿瘤此叠于彼。药店里无任何特效药于存在——只有小安慰于海口者。但于何有其解药，清醒的，极为清晰的，高傲而肯定的绝望？一切有情皆是不幸的，然多少人知之？厄运意识，乃一非常严重的疾病，像是一临终的算术或不治的记录。其贬低了地狱的魅力，变时间的屠宰场为田园诗。何等罪恶，你犯之，以诞生，何等罪行，你犯之，以生存？你的痛苦，如同你的命运，是无动机的。真正地受难，乃接受疾病的侵略，无以因果的借口，犹如接受一错乱自然的恩惠，接受一消极的奇迹……

在时间的句子里，人自立为逗号，同时，以终结之，人自绝为句号。

叹词思维

无限观，终有一日，会生出松懈心，于其时，一朦胧的忧愁渗入几何，如原初的认知动作，于其时，以反射的沉默，一惊悚的颤栗隔离其客体的感知。多少厌恶，或多少乡愁，我们必须累积，以唤醒我们，于孤独的末日，以悲剧的方式，我们超越了证实！一叹息之不忘者，使我等完成一步，于当下之外；一劬劳之平庸者，使我等远离一景观，或一人物；冗长的呻吟，绝我等与温柔的天真，或断我等与胆怯的纯洁。此偶然的差距，其总和——我等日夜的平衡——合成一空间，区别我等与世界者，精神奋斗，以缩减之，以重置我等于脆弱的比例。但，每一疲劳，其作明显：于何所也，再觅物质，于我等脚下？

于初，我等避事物之我等所思者；于后，我等行远，以亡我等于流心的悔恨……于此，我们的观念锁在了一起，如隐匿的叹息；于此，感叹词，每一反射取而代之；于此，一哀声淹没了逻辑的神圣。阴森的面色笼罩理念，坟墓的洪流泛滥篇章，腐烂的气息充斥教训，最后的秋日化作永恒的水晶……精神无备，尸气袭之，因为此尸气出于天地间最腐败的处所，于是，疯狂安息，于温柔乡，于乌托邦的垃圾场，于白日梦的蛆虫仓：我们的灵魂。即使，我们可以改变宇宙的法则或预见其不测，灵魂将克服我等，以其悲惨，以其毁灭的原则。有哪一灵魂不迷失？其何在也，我们要备案之，科学、宗教、喜剧要接管之！

模糊者的最高级

我们可以领会各民族的精粹——不只是诸个体的本质——以其参与模糊者的方式。明显者，乃其居所，唯揭示其暂时之性格，其种种之外边，其种种之表面。

一民族所能表达者必有一历史的价值，此乃其生成之功；但其所不能表达者，亦是其永恒之败，乃其我之无果的欲望：有心自尽于表达而力亏于无能，补之以某些词语——种种隐喻，于不可言者……

Sehnsucht（望乡），yearning（怀乡），saudade（思乡），为烂熟心而生的浮夸果，多少次，于旅途之中，于智力之远，我们未将我们的混乱置于其幽暗中！掀去这些词语的面纱，藏有一相同之内涵否？乃不可能者，相同之意义，生死皆于一未定之根的口语分支？能为此设想否，民族者，多样如此，而以相同之方式体验乡愁？

力求远忧的药方，必成劣筑的羔羊。为溯至模糊表达的源头，必面向其本质，实践一感情的退化，自溺于不可训者，与碎的概念同出。一旦失去理论的自信和易懂的自负，我们就能试图理解一切，就能为了自己而理解一切。届时，我们将在不可训者中娱乐，将在可解者的边缘消磨其时光，躺倒在崇高者的郊外。以躲避乏味，须欢喜在理性的起点。

在期待中活着，活在未是者之中，就是接受兴奋之失衡，未来观之所假定者。每一乡愁是一现在之超越。甚至以悔恨之形式，它取得一动态的特点：我们意图强有昔日，追本溯源，反抗不可逆者。人生无有意义，除非背反时间。异乡之执念，乃瞬间之不可；此不可，乃乡愁之本身。

法国人拒绝感受，尤其是拒绝培养模糊者的缺点，其不是没有一显著的重音。以集体，此病不存于法国境内：法式忧郁无形而上的品质，法式倦怠独特而直接。面对可能者，法国人拒绝完全的顺从；其语言之本身消灭一切其弊病之共犯。有否另一民族自觉有更多之自在于此世间中，于其，自家有更多之意义，有更多之重要，于其，内在有更多之魅力，更多之吸引？

　　根本上欲望他物，必不再享有空间和时间，与之共存，保持最少之关系。是何使法国之历史呈现出如此之少的不连续性，是此，于其本质之忠诚，其迎合我们的尽美之心，其辜负我们的无成之欲，后者暗含一悲剧的幻象。于法国，唯一有传染性的东西是清醒，是被骗的恐惧，是为任何物之受害者的恐惧。这就是为何法国人不接受冒险，除非充分意识到危险；欲为人所欺，自障其目；于其眼中，无脑的英雄主义实乃一品位之缺席，一不雅的献祭。但人生之野蛮的暧昧要求成为尸体的冲动和形而上之被骗的冲动，而非其愿望，于每一瞬间，皆为主导。

　　德国人，何能发现一平静？一方面，存在之意志陷人心之共有和地之未分；另一方面，其以一无厌之欲吸收空间无期无尽。德国的领土不设疆界，以此增加其新的流浪之倾向，其目标之进退视其发展之程度。皆源自德国，异国之品位，旅行之热情，作为风景的风景中的欢乐，缺乏内在的形式，曲曲折折的深刻，是迷人的，同时，也是恶心的。家国和无限之间的紧张无有解法：扎根，同时除根，在故乡和远方之间，不能发觉一折中。帝国主义，致命之常量内于其终极之本质，非其乡愁之政治的翻译，非其望乡之庸俗而具体的表达？

我们不可太强调一些内部之含糊的历史之结果。目前，乡愁是其中之一；它阻止我们重置于存在中或于绝对内；它迫使我们漂浮在无分者之中，迫使我们遗忘我们的根基，迫使我们裸露地活在时间里。

迫离于大地，流亡于期限，断其直系，是欲望一重掌权力于一先于分离和分裂的原始源头里。乡愁，准确地说，是永恒感觉自家之远；及感受比例清晰的倦怠之外，及感受无限和家国对立条件之外，它具有转向末日的形式，回归目前，回顾一大地的和祖国的呼吁。类似精神，心灵亦虚构乌托邦：其中最离奇者，乃此一故国的世界，我们将我们的自我置于其中，乃一世界——我们倦怠之全部的宇宙之枕头。

以怀乡的渴望，我们不欲望具体的任何，而想要一抽象的火热，后者异于时间，接近一天国的预感。凡不接受存在者，必以相同方式，接近神学。乡愁，只是一感性的神学，于其中，绝对之构成，以欲望之元素，于其中，神，乃未定者，以倦怠成。

孤独——心之分立

我们注定沉沦，一旦生活无法自示为一奇迹，一旦瞬间不再因超自然的颤栗而哀鸣。如何更新之，充实之感觉，谵妄之分秒，爆发之启示，火热之异事，使上帝沦为一黏土的事故？以何等的机巧，能复兴此等的闪耀，于其中，音乐其本身显然是肤浅的，乃我们内脏风琴的排泄物？

曾经之寒栗，不以我们的力量回忆，其使我们同步于运动的开始，其使我们成为时间之第一瞬间的主人，成为创世之瞬间的工匠。自此，我们只感受到创造的匮乏和黯然的现实；我们活在人间，以遗忘灵魂升天。我们的传统，我们的实质，其定者，非奇迹，乃一世界之空虚，其为其大火所败，为其固有之缺席所没，为我们之沉思的独有之客体：一孤寂的世界先于一孤独的心灵，命中注定，彼此分离，于对比中，相互激励。当孤独着重不止于构成我们的主题而为唯一之信仰时，我们止于为全体者的连带者：存在之异端，我们皆逐于活人的社团，其唯一的美德，乃于非死亡的某物之期待，之渴望。但，自由于此期待的魅力，见弃于幻觉的普济——我们乃最异端的派别，因为我们的魂魄其本身乃生于异教之中。

["当我们的灵魂状态优雅时，其美，崇高非常，美妙非凡，胜自然中一切美者，无与伦比，悦上帝天使之目。"（罗耀拉的圣依纳爵）

我谋求安定，在任意的优雅里；我试图清算所有的质疑，消失在一无知的光明里，在任何的有知之傲慢的光明里。极福之叹息，高于种种问题，如何至之，当没有"美者"启示于你时，当上帝天使慧眼无珠时？

昔日，女圣者大德兰，西班牙的主保圣人，你灵魂的指导老师，规定你行一条诱惑而晕眩的路，超验的深渊使你大为惊奇，似天国中的一次堕落。但那些天国皆已消失——似那些诱惑，如那些眩晕——而且，在冰冷的心中，阿维拉的烈火，永远地熄灭了。

以何等的命运离奇，有些人，已至于可能和信仰合一的程度，他们退后，以顺应一条只将他们引向其自己的道路——因此而无处？出于恐惧否，一旦安定于优雅中，他们可能丢失其显著的美德于其中？每一人之演化皆以其深刻为代价，每一人皆一神秘家，皆自我否定家：地球充满了失败的优雅和残破的神秘。]

暮色的思想家

雅典将亡，共死者，知识之崇拜。其伟大的体系尚有气息：皆囿于概念领域，拒拷问之手术，抗解救之研究，抵痛苦之滥思。将尽之雅典，允人类事故，入理论家族，任何者——喷嚏或亡故——代种种古之问题。有药之执念记一文明之不治，救赎之寻求志一哲学之末日。柏拉图，亚里士多德，皆臣于此，只因平静之强制；二者之后，此专注王于每一领域。

罗马，于其落日，取雅典之没落的回声和绝命的反照。当希腊诸生携疑惑而游帝国时，罗马之动荡，哲学之衰亡，乃一几近完满之事实。所有问题，显然合法，正式限制之迷信再也阻止不了任意好奇之滥用。伊壁鸠鲁之主义，斯多葛派之学说，渗入轻而易举：善恶之科学代抽象之建筑，退化之理性为实务之工具。入罗马之大街小巷，怀"幸福"之种种秘方，享乐主义的信徒，禁欲主义的门人，智慧贤明之专家，大量繁殖，为治疗不治而普遍的疲倦，高贵的庸医们突现于哲学的边缘。神话和奇闻，可形成一无忧于微妙的宗教之活力，出于一更远者，但皆缺席于其疗法。智慧，乃一大限之文明的遗言，乃历史的暮色之神光，乃化为世界观的疲劳，乃最后之宽容，先于他之更冷酷之诸神的降临——先于野蛮的到来；亦是一徒劳的四方之旋律的实验，于末日之呻吟中。因贤者——清明的死亡之论师，冷漠之英雄，哲学之末象，其衰退和空虚的症状——解决了自己的死亡问题……而废除了全部问题。备有更罕见的笑料，他，一极端的患者，我们会之于极端的时期，如普遍之病理的一次特别之诊断。

发现自己乃于古之剧痛的对称点上，乃同病之伤者，乃于相同之不可抗拒的魅力下，我们看到大体系皆废于小完美。于我们亦是如此，所有一切皆变成一无神性亦无活力的哲学之物质……思想之无真实之主体的命运被散入千计的灵魂，落入千计的理念之屈辱……莱布尼茨、康德、黑格尔，不再救济我们。带着我们自己的死亡，我们来到哲学之门：腐朽者，无丝毫之防守，他们敞开他们自己……凡事皆是哲学之主题。尖叫替代段落：产生一灵魂之基底的哲学，其隐秘将自白于历史的表象里，于时间之外部。

"幸福"，我们亦寻觅，或以疯狂，或以轻视：轻视之，乃未能忘之，以思考，拒绝之；"救赎"，我们亦求索，即便乃以不愿。如果我们皆是一烂熟时代的半神，因此事实之本身，我们皆是同仁：背叛时代或狂热崇拜——以一显然的矛盾——表达一相同的参与行动。失灵的至高，失效的微妙，永恒光环的渴望——皆引向智慧——谁将于自身中不见之？谁觉得无肯定一切之权利，于周身的空虚中，先于此世界之消失于一绝对的或一全新之否定的曙光里？一上帝永恒地威胁于地平之上。我们皆在哲学的边界，因为我们皆赞同它的终结。不让上帝居入我们的思索，再保持我们的疑惑，平静的表象，内在命运的紧张，所有任性而离奇的渴望，皆胜于坚不可摧的真相。我们更改药方，不是因为发现其有效或证明其无效，而是我们的信仰既非在于我们寻觅的平缓，也非在于我们追求的快感。三心二意的智者贤人，我们皆现代罗马的伊壁鸠鲁人或斯多葛主义者……

自毁的资源

生于一监狱，责任在肩膀，负担在思想，若无终结一日之可能，则无重启下一日之激励，虽一日之末期，我们亦不能及。此世界，其枷锁，其空气，皆令人窒息，夺走一切，自杀之自由除外；此自由赋予我们一非常力量，一巨大骄傲，因为它们能够战胜压迫我们的沉重。

能绝对支配自己而拒绝为之，何等之天赋更神秘于此？此窒息我们的活人墓，因可能的自杀之慰藉而扩大成无限之宇宙。自杀之念，近在眼前，自杀之法，多样方便，此既使我们开心，也使我们恐惧；因为没有比自杀更简单和更恐怖的行为，以之我们裁决我们自己，不可挽回。以一瞬间，我们废除全部的瞬间；恐上帝也不能为之。但，吹牛的魔鬼们，我们，推迟了我们的末日：为何我们放弃了此自由之炫技，傲慢之游戏？

从未设想其自己的死亡，从未料想绳索之解脱，子弹之救赎，毒药之解药，汪洋之归宿，其人，乃一苦役犯，或一蛆虫，爬行于宇宙的腐尸上。此世界能取走我们的一切，能禁止我们的一切，但任何人都无权阻止我们废除我们自己。所有的刀具皆援助我们，所有的我们之深渊皆吸引我们；但所有的我们之本能皆反对我们。于人类的精神中，此矛盾发展为一无出路之冲突。当我们开始反思生活时，我们会发现其中有一空虚之无限，我们的本能皆已充当我们之行为的导游和邮差；其制约我们的灵感之起飞和解脱之灵活。假设，在我们出生的那一刻，我们具有相当于成年人的意识，那么更有可能者，乃第五年时，自杀为一惯常的现象，或甚至一光荣的话题。但，我们觉醒太晚：唯以本能之存在，我们反对我们的受孕之时代，它们只可能不知失措，受惊于我们的沉思和失望所导致的结果。它们会反抗；但，一旦获得自由之意识，我们皆一自决之主人，其因不用而格外诱人。它使我们忍受日日，更使我们忍受夜夜；我们不再因厄运而贫穷，也不会因倒霉而毁灭：我们掌管至高的资源。即便我们永远不开发它们，即便我们在传统的死亡中死亡，我们有一瑰宝在我们的弃物中：有否更巨大之财富胜于每一人内心之自杀？

若诸教皆禁止我们自灭，是因为它们于其中看见一不屈的示范，其贬损神殿，侮辱诸神。如奥里昂主教会议，其视自杀为一更严重之罪恶，甚于杀人者，因为凶手总有可能感到悔恨，救赎自己，而自去生命者已越过得救的边界。但，自戮之举，岂非出于一激进的解救方案？虚无岂非永恒之偶？孤独之存在无开战宇宙之需求；此举，乃他向自己递送最后之通牒。如果，以一无双之行动，他完全地成了他自己，他所渴望乃就不只是永恒的存在。他拒绝天国和大地，正如他拒绝他自己。至少，他达到了一自由的完全，于如此者，于未来中无限寻觅自由的人，自由是不可理解的……

任何教堂，任何市府，皆未发明，迄今为止，一有理有据的自杀之反论。再无法忍受生活者，于其，回应什么？无人能担负另一人之沉重。论辩术，具何等之力量，抗莫辩的悲郁，战千计而无慰的证据？自杀，乃人之种种特性之一，乃其种种发现之一；无动物有此能力，诸天使几无此猜测；无自杀，则人性之真实少新奇之优美：一奇异之气氛，一系列致命之可能，它们将具有审美的价值，只要将全新的解法和多样的结局引入人生的悲剧。

古之贤者，委身死亡，为证其德，所创之自杀学，今之智士无一知晓。注定于一无才的临终，我们不是我们之极端的创作者，也不是我们之永别的仲裁员；末日，不再是我们的末日：一卓越之原创的卓越——以之，我们将赎回一平淡平庸的人生——如同我们缺乏高尚的无耻，我们也缺乏一死之艺术的古之奢华。以绝望行事，其人自愿成为尸体，求存，人人为此，而死，只是完成一无用的仪式。仿佛我们的人生系于其本身，唯以推迟我们能摆脱死亡的时辰。

反动的天使

非易事，论众天使之最不哲学者之反叛，而不杂入同情心、惊愕心和谴责心。不义，主此宇宙。成于其中之一切者，败于其中之一切者，皆具一邪恶的脆弱之印，仿佛物质乃一闹剧之果，于虚无之心。一个个瞬间，似一只只吸血鬼，扑向时间的贫血——世界，一呜咽接收器……于此屠室内，袖手旁观或拔剑相助，皆同等徒劳之举。任何傲慢的发怒都不可能撼动空间，也不可能使灵魂高贵。成败相继而来，乃以一未知之法，其名命运，我们求救于此，在哲学上我们皆是贫者，当我们的人间或任何之客居皆看来是无解的，皆似忍受一诅咒，既无理由，也不应该。命运——天选之词，战败者的术语之领袖。渴望一术语于不治者，我们寻求一减轻，以词语之发明，以上悬我们之灾难的光明。词语皆是仁慈的：其脆弱的真实性，既迷惑我们，也安慰我们……

因此，命运，乃如此者，无法欲望虚无者，欲望至于我们者……于无理者的钟爱，于说明的唯一方式，我们认为此负责我们的命运之天平，其只称量类似而消极的种种元素。从何取得抗此权势之傲慢，其下令如此，而更有甚者，不负此责任？领导战斗，斗争何人，指挥进攻，攻向何方，当不义飘入我们的肺腑，游荡我们的思想，当不公冲破星辰的寂静和麻木？如何开始纠正我们的错误，当我们如同灵床将死的堂吉诃德——疯狂结束，妄想耗尽——无活力以对前途和战斗，无幻觉以对崎岖和失败？如何重获叛逆天使的那种纯真，他，尚在时间的开端，不知此疫性的智慧，我们的活力皆窒息于其中？从何取得足够的激情和傲慢，以谴责其他天使的军团，当于人世间效仿其同僚，乃自甘更深的堕落，当人类的不正义，乃效法于上帝者，当一切的反叛使灵魂反对无限和对它的微风？那些无名的天使——蜷缩于其不朽的羽翼下，是征服者，也是被征服者，永恒地属于上帝，无感于有害的好奇，皆幻想家，类似于凡间的哀鸿孝子——何人胆敢向他们投石，以挑战，粉碎他们的梦幻？叛乱，堕落的大胆，只从其无用中取其高贵：痛苦，唤醒之，而后抛弃之；狂热，激发之，而失望，否定之……在一个无法的宇宙里，反叛不可能有任何的意义……

（此世界中，无一物在其位，此始于此世界之本身。因此我们不必惊讶于人之不义的景观。乃同等之徒劳，拒绝或接受此社会之秩序：我们皆被迫接受其变化，或更好，或更糟，以一绝望的因袭态度，正如我们接受诞生和爱情，承认天气和死亡。解体掌生命之法：相比于其死亡的客体，更接近于我们的灰烬，我们屈服于它们的面前，冲向我们的命运，在看似不灭的星辰的注视下。但它们将粉碎于其中，一宇宙，我们先唯以心灵严肃对待，后以撕裂补救其讽刺不足……

无人能正人神之不义：每一行为，皆一案例，其是特殊的，是外表有序的，是原初混沌的。我们皆被一旋风裹挟，其始于时间的曙光；若此旋风已有秩序的形状，乃是为了更好地将我们卷走……）

得体之苦

在痛苦的刺激下，肉体苏醒了；清醒而抒情的体质，歌颂自己的解体。只要莫辩于自然，它将一直安息于众元素的忘却：自我尚未占有之。痛苦的物质自脱于重力，不再牵连于其余的宇宙，自绝于昏睡的全体，因痛苦者，乃分离之动因，乃个性之原则，否定一统计命运的种种欢乐。

真正孤独的存在不是被人类抛弃的人，而是在人类中痛苦的人，他在集市中踩着他的荒漠，展现其种种的天赋，作为笑面的麻风者，作为无药的表演者。古之大隐者，皆是幸福的，他们不会口是心非，无物需要藏匿：他们只和他们的孤独交谈……

系我们于万物的一切之联系，无一不会松解于断绝痛苦的势力，痛苦将我们从万物中解放出来，除了我们自己的执念，作为无退路之个体，其感觉之执念。本质上，此乃人化的孤独。从此，以何等之手段，与他者交流，若不以谎言之魔术？因为，如果我们不是骗子，如果我们不会巧妙的骗术，如果最终我们皆是真诚的，甚至在无耻时，甚至在悲剧时——我们的暗世界将喷出一片苦海，消失在那里将是我们的荣耀之终点：因此，我们应当逃离无数怪诞和无数崇高的不得体。不幸至一定之程度，所有直率皆是无礼。约伯及时打住：再进一步，上帝也好，其友也罢，将不再回应他。

（于此尺度内，人乃"文明人"，不示其麻风，明其敬重于数世伪造的虚假优雅。无一人有权利屈服于其时间的沉重……所有人皆具一天启的可能，但所有人都在强制自己填平自己的深渊。如果每一人给其孤独提供自由的职业，上帝将不得不重造此世界，此世界的存在，完全取决于我们的教育，取决于我们对自己之恐惧……混沌——乃抛弃一切人所知者，乃成为自我……）

空虚的范围

我看到此人追求此目标而彼人追逐彼目的；我看到众人皆惑于不和的客体，受制于完全邪恶而无界的计划及梦想的魅力。以理解狂热浪费如此的原因而独立分析每一案例，我知道，一切举动，所有努力，皆无意义。存在否，一生命，其不精于生存的谬误？存在否，一清明的生命，其没有污秽的根源，没有杜撰的动机，没有突现于欲望的神话？何处有完全无用而纯粹的行为：恒星之厌恨光热，在一个无信仰的世界里天使之厌恶信仰，在一个弃于不灭的世界中懒虫之厌恶死亡？我须自卫而反对所有人，应对他们的疯狂，发觉其源头；我听了，我看了——我怕了——怕行动于同样的动机或任何的动机，怕信仰于同样的幽灵或任何其他的幽灵，怕任由自己沉没于同样的陶醉或任何的陶醉；怕，总之，怕谵妄于一同，怕灭亡于一群狂喜者当中——我知道，以分离于一存在，我被夺去一错误，我知道，我缺乏留于他的幻觉……其狂言揭示他乃一显明者的囚徒，后者于他是绝对的，于我是可笑的；接触其荒谬，我抛弃了我的荒谬……拥护何人，能无犯错感和羞耻感？以充分之意识，行必须之无理于每一行动，不饰任何之梦想虚构于其所投身者，于其人我们只能作这样的辩解，正如我们只会赞美无罪而死的英雄，其牺牲之准备更多，是在其中隐约看到了深渊。至于情夫情妇，他们将是丑陋的，如果死亡的预感未闪现于其种种怪相之中。令人心乱，一想到我们的秘密——我们的幻觉——将被我们带入坟墓，一想到我们无法保存激活我们呼吸的神秘错误，一想到除卖淫者和怀疑者外，所有人皆堕入谎言，因为他们无法猜中等价物，以感官的和真实的无效。

我欲克灭心中之人类引之为生存或行动的种种理由。我欲不可言说地变为正常——看我，成了笨蛋，和白痴们一个水平，和他们一样空虚。

某些早晨

恨不是阿特拉斯（擎天神），恨不能摇动肩膀以观此可笑的物质之崩……愤怒，步宇宙起源的反路。乃以何等的神秘唤醒我们，于某些早晨，唤醒生死之全体的毁灭之渴望？当魔鬼溺毙于我们的血脉中，当我们的想法痉挛抽搐，当我们的欲望反对启明，各种元素自燃烧光，而我们的手指过滤其灰烬。

何等之恶梦我们持之于夜间以起身为白日的敌人？必须了断我们自己以同一切了结？何等的默契，何等的关系，使我们渐渐深入一亲密？无力否定人生，人生将无法容忍。一可能之出路的大师，一逃脱之想法的巨匠，我们可以轻易地废除我们自己，当极度疯狂时，我们可以咳唾此世界宇宙。

……或者祈祷而等待另一些清晨。

（如果我们能任意悲伤，或模仿陷入怒火的妇孺，写作将是一无味而多余的行为……于塑造我们的物质中，于其最深的不纯中，发现一苦涩的原则，只有眼泪能使它缓和。如果，每当悲伤侵袭我们，而我们只有以眼泪脱身的能力，那么不明的疾病和诗皆将消失。但，一天然的缄默，加剧于教育，或者说，一泪腺的机能缺陷，迫使我们成为一无泪的烈士。此后，诅咒的呼啸和风暴，自行之苦修，入肉之指甲，及一血景的种种慰藉，皆不再列入我们的治疗法当中。结果，我们全都病了，结果，我们每一人皆想要一片撒哈拉，以任意嚎啕，或一愤怒而忧伤的海岸，以将我们更加火爆的悲叹混入其雷霆的哀悼。我们的发作需要在可笑的崇高当中，在中风的无限之内，需一场绞刑的景象，于其中天空将是绞架，悬挂我们的骨骼和残肢。）

忙碌的丧期

所有的真理都是反我们的。但我们活着，因为我们以其本身接受它们，是因为我们拒绝得出种种结论。那个——以其行为——表达了一独一的天文和生物之教育的结果的人，那个在面对恒星的距离和自然的万象时，出于反抗，或由于谦虚，而决定不再离开床榻的人何在？存在否，傲慢从未被我们之不真实之铁证所击败？存在否，以充分之胆量不为一事者，因一切之行动于无限中皆荒唐可笑？科学证实了我们的虚无。但何人领悟了此终极的教诲？何人成为了全面怠惰的英雄？无人能双手一叉：比蚂蚁，比蜜蜂，我们更忙碌，更殷勤。但，若一蚂蚁，一蜜蜂——因一念之神奇，或独特之魔力，自绝于蚁穴或蜂巢之中，若它于外凝视其劳苦的场面，它尚能于其劬劳中坚持吗？

唯有理性的动物探其哲学而一无所知：他将自己置于远方——但坚持有效之表象和无用之现实的相同之错误。看于外，看于任何的阿基米德支点，生活——及其全部的信仰——不再可能，甚至不再可解。不背真理，我们不能行动。其人复始每一日，不顾其已知之一切，反对其已知之一切。此暧昧，他使之为恶习。明智在丧期，但——奇异的疫病——此丧期本身是积极的；因此，我们皆被拖入一行列，直至最后的审判；因此，由于临终之本身的安静，由于历史之最后的沉默，我们完成了一积极：即剧痛的舞台，于哀鸣中的活力之需……

（相比这些慵懒于永恒的文明，气急羸喘者将更快力尽。古老的东方文明，在其垂暮的盛世中前进了数千年，提供了唯一的效仿之榜样；它，也只有它，很久以前，实现了一精雅的，高于哲学的智慧：道家学说，其冷漠之水平，胜西方精神已设想之全部。我们以数代计算：此乃刚过百年之文明的诅咒，于其匆忙的节奏中，丧失其不受时间影响的意识。

十分明显，我们于此世间中是为了无所事事：但，我们汗流浃背，在恶臭的空气中气喘吁吁，而不是慵懒地熬过我们的腐烂。整个历史在腐烂；其臭气飘向未来：我们奔向之，只是因为任何之腐败所固有之狂热。

太迟了，人性欲摆脱行动的幻觉，太迟了，尤其是欲升华至不作的圣洁。）

放弃之免疫

涉及永恒之一切不可避免变成常谈。世界，终结于任何的启示，顺从于任何的颤栗，只要其药方被发现。普遍无用——此观念危险于所有的灾害——降为明证：人人接受而无人遵守。一终极真理之恐惧已经听命；将是叠句，人类不再思索之，因为以心灵他们会一事：唯隐约之见，当自投向救赎的深渊。时间无用——此看法生出了圣人和诗人，及某些隐士的绝望，他们钟情于破门……

于众人，此看法不是新闻。他们反复疑问："此有何用？""此有何为？""我们将看到更多他者。""越变化，越是同一。"——无来者，无为者：再无一圣人，再无一诗人……若他们奉行陈言之其一，则世界之貌将易。但永恒——突现于一害命的思想——不能是一安全而人性的反思，以操作种种行动：它将是常谈，因此我们能遗忘之，以一机械的反复。神圣，乃一冒险，如同诗歌。人言："万物皆过。"——而多少人解此可怖平庸说法的意义？生，多少人避之，多少人歌之，多少人悲之？万物皆空，此信念，孰不通？但孰敢面对种种后果？有志形而上天命之人比一怪物罕见——可每一个人潜含此天命的元素。足于一印度王子，观一废人，一朽人，一死人，以悟万物；我们看他们，我们理会无，因为我们人生中变化无。我们不能放弃任何的存在；但虚空的证据皆在于我们的范围。希望的病人，我们永恒等待；生，只是期待的实体化。我们期待一切——甚至期待虚无——宁愿沦为一永恒的悬浮，为一中和神性的条件，或一尸体的状态。因此，心，作无可挽回中的一公理，尚希望于惊奇。人，多情地活在种种非人的事件中……

世界平衡

苦乐之明显的对称绝非源于其公正的分配：乃由于此不义，其袭击某些人，迫使他们以其消沉补偿他者之无虑。承受或免受其行动的后果，此乃人类之命运。此分别实行无以任何标准：它是命，是荒唐的分配，是无常的选择。无一人可豁免幸或不幸的裁判，无一人可避荒诞法庭的自然刑罚，其决断扩展在精子和坟墓间。

有些人付清其一切的快乐，有些人身偿其一切的高兴，有些人负责其一切的遗忘：他们永远欠债于一瞬之幸。千计之苦赏其一颤之乐，仿佛其无任何权利以接受甜蜜，仿佛其背弃置世界之野蛮的平衡于危险中……他们幸福否，于一风景中？——他们悔恨之，以迫近之忧愁；他们自豪否，于其计划梦想？他们将快清醒，如出一乌托邦，纠正于极正的痛苦。

因此，一些人被牺牲了，他们代付他者的无心，赎罪陌路的有幸。平衡重建于此方式：苦乐之比将是和谐。若一普遍而黑暗的原则已昭告你属于苦主的行列，你将一路践踏你隐藏于己的天国虚无，及刺入你眼中的丝毫冲动及你的幻梦将污于时间的浑浊，于物质的腐烂，于人类的堕落。粪堆将是你的讲座，刑具将是你的讲台。你只配麻风的光荣和中伤的冠冕。是否尝试同行于他们，于他们一切当负责任，于他们自由是每一旅程？但尘埃和灰烬将扬起以阻挡你时间的出路和梦想的出口。无论你前往的方向，你的脚步都将陷入泥浆，你的嗓子只能叫喊泥潭的圣歌，于你低垂的头上，向你的心脏，那里只存在你自我的忧伤，幸福的气息一丝不过，玩偶们祝福于一无名的讽刺，同你们一样是有些罪的。

永别哲学

我离开了哲学，于那时乃不可能者发现于康德任何人类之虚弱，任何忧愁之实音；于康德及于所有哲人。比音乐，比神秘，比诗歌，哲学活动兴于一衰退的元气，于一可疑的奥秘，其荣耀只于羞怯者和温和者。再者，哲学——非个体的不安，侧苍白理念之借口——乃所有如此者之最后救济，避人生之腐败的繁荣。约全部哲人得到善终：此乃天大理据以反哲学。苏格拉底，其末日，其本身，无丝毫悲剧：乃一误会，一教师之末日——而若尼采沉沦，如诗，如梦：乃罚其狂喜，非罪其理性。

我们不能避生存以说明，我们只能受之，或爱之，或恨之，或敬之，或畏之，以此极乐与极恶的轮替，其表明相同于存在的节奏，表明其起伏，其不和，其苦涩的愤怒，或其快乐的热情。

谁见弃于——或以偶然，或以必然——一不可辩驳的溃乱，而不举手祈祷以遗之更空虚之失败于哲学之回应？似乎是，其任务乃保护我们，只要命运的疏忽任我们行走于混乱的境界，而一旦我们被溺于其中，其任务乃抛弃我们。如何将是他者的，当我们看到极少的人类痛苦进入其哲学。哲学的操练不是丰饶的，其只是光荣的。我们皆是哲人，永远是，无以罚：一职业，无以命，以多卷的思考充足中而空的时间，当时拒绝《旧约》，拒绝巴赫，拒绝莎翁。而此思索具为一纸乃当于约伯之一叹，麦克白之一惊，巴赫康塔塔之一曲？我们不论宇宙，我们表达之。哲学论之，而不表达之。真正的问题唯始于阅读之后，于穷尽之后，于鸿篇之最后一章之后，其设最后一点，以示弃于未知之前，全部我们的瞬间皆扎根于其中，我们必须与之斗争，是因为其自然是更紧迫于，更重要于日常生计的。此刻，哲人弃我们：灾祸之敌，他，犹如理性，是明智的，是谨慎的。我们继续陪同的，一古之黑死病人，一深明各种谵妄的诗人，一其崇高超越心灵范围的乐人。我们开始实存，于哲学之末日，以其毁灭，当我们知晓其可怕的无用，且是无效的，求助于它，它是无济的。

（大体系，说到底，乃大重复。何益于懂得存在之本质乃在于"生之意志"，在于"理念"，或在于上帝之创想，或化学之任性？简单的词语增殖，精妙的意义移置。令人厌恶，口头的理解，内心的体验，揭示我们，虚无于独特而无解的瞬间之外。此外，存在，其本身，只是虚无的自负。

我们定义，唯因绝望。必须一配方，甚至必须很多，只是还精神一公道，给虚无一正面。

非概念，也非狂喜，是行的。当音乐将我们投入存在的"内心"，我们将快速地重返其表面：幻觉的效应自行消失，我们的知识显出无用。

种种事物，或有形，或无形，皆是不可信的，如同我们的感觉和我们的理性；我们是可信的，唯以我们的词语世界，无端顺从——而且无用。存在是无言的，精神是多话的。此名为认识。

哲人的创新变成了术语的发明。因为先于世界只有三四态度——约等于死路——变增之微妙在于词语之选择，失全部形而上之意义。

我们陷于一同义叠用的世界，其中问答等同。）

从圣徒到犬儒

嘲笑已降级一切至借口的行列，太阳和希望除外，生之二因除外：世之光与心之辰，一者是明的，另一者是灵的。一嶙峋者，取暖于日光，振作于希望，将强于一绝望而厌恶光明的大力士；一存在，完全通于希望，将强于上帝，将活于生命。麦克白"倦于白日"，乃造物之最劣者，真正的死亡不是腐朽，是反感于一切光照，是厌恶于一切种子，及幻日之下的一切开放。

生死于日光下的种种事物，除日光外，皆褒于人；生死于希望下的种种事物，除希望外，皆踏于人；无远行之厚颜，他以自己的无耻立界限。一无耻之徒，自称一贯，乃一口头的无赖；其姿态使之为最矛盾的存在：迷信大破，无人能活。以至完全的无耻，当尽一力：背叛神圣而至少可观；或者，设想一圣徒，其纯净登峰，觉苦痛之虚空——察上帝之可笑……

一如此英明的怪物将改变生之论据：他将有权威怀疑其存在之条件；他将不再冒险自相矛盾；任何的人类病将不再虚其勇气；丧失宗教的尊重而不至最后的幻梦，他将轻视其心，蔑视光明……

归于元素

若哲学无丝毫长进于前苏格拉底以来，则将无丝毫理由抱怨之。厌倦于概念的杂乱，我们终于发觉我们的生命始终动荡于构成世界的元素中，是土，是水，是火，是气，决定我们，此初级物理使我们知道受试的范围和我们受刑的原则。晦涩完基本的数据，我们失去——迷于理论的装饰和建筑——命运的理解，尽管，其未变，乃同一于世界之第一日者。我们的生存，缩减至其本质，继续是一斗争，反对于老元素，我们的知识无法化解。英雄豪杰，每一时代，不幸不亚于荷马史诗者，若其为主角，是因为他们折了阳寿且赔了伟大。科学发现何能改变人类之形而上的地位？是什么，探索于物质中，是什么，分析之概要结果，相比吠陀偈颂，相比此忧伤，出历史的曙光，入无名的诗唱？

然而雄辩的颓废所指点的不幸不多于牧人的口吃，在白痴的嘲笑里有更多的智慧于科学的研究——求真理以时间，或于典，不是疯狂吗？老子，简言，但不简单于无所不读的我们。深者，与知无涉。我们移动经验的启示至其他的层面，我们发掘原始的直觉以最终的思果。因此黑格尔乃一读过康德的赫拉克利特；而我们的厌倦乃一情绪精英主义，暴露于心灵的差异之虚构……

借通

得最后结论者，只是生活于艺术外。自杀、圣洁、邪恶——无才之形式，同等之数量。或直，或曲，以语言、以声音、以色彩之忏悔，止内部力量的团结，弱之于抛之于外部世界。此乃一养生的缩减，使每一创造行动为一逃逸的因素。但积蓄力量者生活在压力下，奴隶于自己的暴力；无阻他沉没于绝对中……

真正悲剧的存在几乎从未相见于他们的中间，他们懂得操纵使人无力的神秘力量；以其作不断消磨其灵魂，他们何取能量至行动之极？如此英雄成于一华丽的死法，因为他没有渐败于诗中的才华。所有英雄主义——以心之天赋——偿才之缺陷，每一英雄，皆一无才的存在。是此缺陷，指引之，充实之，同时穷其神运于创作者，作为存在，弃于背景，尽管其精神能被立于一切他者之上。

如此者，自绝于同类的行列，或以修院，或以其他的计策：以吗啡，以手淫，以餐酒，而某一表达的形式本可挽救了他。但，永远的存在者，于其自己，完美的拥有者，于其保留及失望，承受其人生的总和而无可能以艺术之借口减少之，滥于自我，他只能是全者以其姿态及其决心，他只能得出一完全感动自己的结论；他不知品味极端：他溺于其中；且实在地沉溺于邪恶，或于上帝，或于其自己的鲜血，同时表达之胆怯将使之退却于至高前。表达自己者，不反动自己；他只知最终结果的诱惑。而此叛徒不是取之者，而是分心者，恐惧而泄密者，投降自己，他就输了，且一败涂地。

无阻于黑夜

于开始，我们坚信向光明前进；于此后，厌烦于一无目的的前行，任自己死去：大地，越少稳定，无多支撑——它开了。将是徒劳，力求继续一路程，向一光明的终点，黑暗膨胀于我们的内部及我们的下方。无光照亮我们，在我们的崩溃中：深渊召唤我们，我们倾听它们。于上面继续是我们希望是的一切，此一切无力升我们至更上面。而刚爱上顶点，就为之欺骗，我们将终于爱我们的堕落，我们急于完成之，一奇刑之种种工具，入迷于此幻觉，触黑暗之边缘，及夜命之界限。惧之于空，化之为欢，何等幸运于作白日的对头！无限于反，始于我们脚下的创世者，狂喜于存在的裂隙前，渴望一漆光，空，乃一乱梦，我们没于其中。

若晕眩将是我们的法律，则加一黑暗的神光，一王冠，于我们的堕落中。废黜此世界，夺取其权位，以尊敬一新奢华的黑夜。

（而此堕落——除某些曝光的瞬间外——远非是庄严而抒情的。我们习惯陷入一夜的泥潭，一如光明平庸的黑暗……人生，一昏沉，于明暗中，一消极，于光影间，一漫画，于心之光，其使我们相信，非法之，我们的优越在其他物质之上。没有证明我们比虚无更虚无。以持续体验此膨胀，于其中我们与诸神对抗，于其中我们的狂热击败了我们的恐慌，我们不得不保持一非常的高热，其灭亡我们以数日时光。但我们的光是瞬间的，堕落是我们的法则。生，解体于每一时刻；一光明之单调的灭亡，一黑夜中乏味的消失，无以权势，无以荣耀，无以光辉。）

转背于时间

昨日、今日、明日——此乃用于佣人的阶级。闲散之人，奢华地生活在痛苦中，痛苦于每一瞬间，过去、现在、未来，只是一痛苦之不同表现，其实体，是同一的，其暗示，是无情的，其持续，是单调的。

且此处痛苦同外延于存在，乃存在本尊。

我曾是，我是，我将是，此乃语法之问题而非存在之问题。命运——作为有限的狂欢——听从动词的变位，但卸下面饰，露出真容，如一墓志，不动也无用。何能予更多重要于此刻，而非曾经，而非将来？此误会，佣人生活其中——每一加入时间者，皆佣人——代表一真正的天恩状态，一魔魅的黑暗行动；且此误会——如一超自然的面纱——掩盖危险，每一出于欲望的行动皆有危险。但于醒悟的闲散之人，人生之完全的完成，完成的全部的完全的人生，乃一非常衰人的劳役，如此忍受生存，在他看来，是一粗重的职业，一劳累的工作——所有的姿态，在他看来，都是额外的，是不行的，是无效的。

自由的双面

自由问题乃无解者，但我们能永久谈论之，或支持偶然性，或主张必然性……我们的气质及我们的预感利于我们选择结束问题或简化问题而无以解决问题。任何理论建筑无法使我们敏感之，以体验其朦胧而矛盾的真实，一天赋的直觉置我们于自由本体的核心，不顾所有虚构的反论。且我们恐惧——我们恐惧于可能的无量，无准备于一如此巨大，如此突然的启发，无准备于此危险的财富，我们渴望之已久，当面之退步。我们将做什么，顺受枷锁和律法，以面对无穷的创新，于泛滥的决定？任性之诱惑使我们惊慌失措。若我们能开始任何的行动，若无限度于灵感与任性，如何能幸免我们的死亡于洪力的陶醉中？

意识，震撼于此启示，自问且颤抖。谁，无所不能于一世界，而不晕头？凶手，使其自由为一无限的用法，不能抗拒其力量的概念。人人有心，夺人性命。若丧命于我们假想的人皆真实消失，此世界将再无居民。我们心存一犹豫的刽子手，一未遂的杀人犯。而其人，无胆坦白其害命的天性，杀人于梦，尸积于魇。当面对一绝对的法庭，唯有天使是无罪的。因为从未有人不曾希望——至少无意希望——他人的死亡。人人背负一敌友的墓园。不重要，此墓地是放于心灵的深渊，或是投于欲望的表面。

自由，构思以其最终的蕴含，发他我人生之问；牵出一双重的可能于得救或沉沦。但我们感到自由，我们领悟我们的时机和危机，唯以事件。乃事件之间歇，乃其罕见，说明此世界只是一平庸的杀场，一虚构的天堂。论说自由，不得结论，以善以恶；但我们只有一些瞬间，以看见一切决于我们……

自由，一魔鬼本质的伦理原则。

累于梦

泄于系列夜梦的能量，若能存之，精神之深刻、微妙，将至无疑的均衡。噩梦之构架，需神经之消费，劳累之程度，甚于密理之建筑。如何，于清醒后，重启工作于整理想法，当时，正无意识，我们皆陷于种种奇妙而怪诞的景象，我们周游宇宙，无限于反诗的因果？于此数小时，我们皆像是醉酒的天神——突然，我们的眼开了，禁黑夜之无限，我们必须，以白日的平庸，重估无色的问题，无以黑夜魅影的任何援助。

幻梦，且光辉，且倒霉，因而都是空的；睡眠徒劳我们。于清醒时，另一疲劳等待我们；才忘了夜的疲倦，就落入晨的劬劳。我们忙碌于水平的不动中，一小时又一小时，我们的头脑无得丝毫的利益于其荒唐的行为。白痴，不会受害于此挥霍，他积累其全部的能量，无散于梦，成为一完美无眠的拥有者，解开形而上谎言的所有奥秘，或入门最复杂的数学难题。

于每一夜后，我们更空虚：我们的神秘，如我们的悲伤，皆流散在我们的梦里。因此睡眠的苦劳不仅削弱了我们思考的力量，甚至是我们秘密的力量……

模范叛徒

人生之完成，只能以个性——此最后基础于孤独——每一存在（人），必然孤独，因每一存在（人），皆是个体。但每一个体，孤独不以相同方式，也不以相同强度：一人占一不同的阶梯，以孤独的等级；于极端落户，叛徒：使其个性可恶。以此意义，犹大，于基督史，乃最孤独者，但于孤独史绝非独一者。他只是背叛了一个神；他知道他背叛了什么；他卖人，正如他们卖货：叛国，或其他的、大小的、集体的借口。背叛，若其目的分明，即便失格丧命，也不神秘：我们欲摧毁者，我们一直有其形象；罪，是显的，接受，或不接受。他者抛弃你：你自弃于监狱或刑场。

但存在一非常复杂的背叛模式，无直接的参考，无比于一物，或一人。因此：弃一切，无以知其所谓；自绝于众；拒此实体——以一形而上的分离——其塑造你，包裹你，产生你。

谁，以何等的藐视，挑衅存在，不受惩罚？谁，以何等的奋斗，能成功清算其呼吸的原理？可是，意志于破坏一切存在之基础生一负效的、强大的、不测的欲望，如悔恨之腐臭，败希望之朝气。

你背叛了存在，只带走一不明的恶的存在，任何形象不会出现以其明显支援此令人羞愧的目的。无人反对你；你是可敬的公民，犹如从前；你配城邦的光荣，你享同类的敬重；法律保护你；你是可贵的，同等于任何人——可是无人发现你提前生活于你的墓穴，你的死亡只能添加虚无于你无救既定的情势。因为存在的叛徒只重自己。谁，外人，能苛责他？若你既不诽谤一个人，也不非议一个机构，你不致危险；法律，无一捍卫真实，但所有法律，惩罚你于最轻微之损害其现实。你有权颠覆存在本身，而无权伤害一人；你能合法摧毁现存一切的基础，但监狱或死亡等待你，于最轻微的谋杀，于个体的势力。虚无担保不了存在：不存在程序，诉讼那些哲学的叛徒，审判那些拒救的佛祖，他们被判为判徒，只是以其生活。但于所有作恶者，他们乃最有害者：他们不伤世界的产物，他们害其元气，宇宙之根本的元气。其罪罚，唯他们知道……

可能，每一叛徒，心存一受辱的渴望，其所选择的背叛方式取决于其所希望的孤独程度。谁不曾感到此欲望，行一无伦大罪而避走人类？谁不曾垂涎丑恶，以永绝种种枷锁而自由于他者，以承担一罪责，无以抗辩而至深渊的平和？当时，我们决裂于世界，不就是为了一不赦之罪的平静吗？一犹大，以佛陀的灵魂，何等的楷模，于一将来且将死的人性。

大地一屋顶中

"我曾梦见远方的春天，一晴日，使浪花闪光，启发我诞生的遗忘，一敌日，恨此大地，仇此恶疾：处处之发现，唯他处之欲望。世间的命运，谁强予之我们，谁系我们于此忧愁的实体，石化的眼泪——生于时间——我们的眼泪迸碎，远古时，其坠落于创世者的第一战栗？

"我曾厌恨此星球的正午和子夜，我曾渴望一世界，其无气候，无时间，无泛滥的恐惧，我曾憎恨凡人的哀叹以岁月的卷帙。何在，无尽无欲的时刻，何在，无感于堕落的预感及人生的直觉？我曾寻觅虚无的地理，搜索未知的大海，追求一不同的太阳——绝无生命之光的耻辱——我曾探索怀疑论的汪洋大潮，公理，岛屿，皆没于其中，无量的液体，麻醉而甜蜜，厌倦知识。

"此大地——创世者之弊！但我不愿再赎他者之

罪。我欲治愈我的诞生，于陆外的临终时，于流动的沙漠里，于平凡的海难中。"

不明的恐怖

非一明确的疾病唤醒我们的脆弱：是一些警告，其更暧昧，也更可怕，告示我们即将开除于临时的子宫。厌恶将来，此感觉的临近生理上分离我们于此世界，揭示我们本能的坚定，我们关系的忠实，是极易毁灭的。健康时，我们的肉身用于宇宙脉动的回声，我们的血液模仿其节奏；恶心时，身体伺机，如一潜伏的地狱，以突袭我们，我们孤立于万物中，如同一畸形的怪兽，设想之，以一孤独的畸胎学。

生命力的危机点不是疾病——疾病是一场斗争——而是不明的恐怖，拒绝一切事物，除去欲望于产生新错误的力量。识丧其魂，脉绝其津，器官唯感觉其体用分离之间歇。都无味了：食与梦。多芬芳于色，多奥秘于空；美食技术与形而上学将同是我们无欲的祭品。我们继续时间，以期待时间，以期待不再躲避时间的瞬间，忠实的瞬间，重新安置我们于健康的平庸……于其阴险的忘却。

（健康，空间之贪婪，未来之本能的贪婪，启示我们如此生活水平乃非常肤浅者，器官的平衡与内心的深刻是大不相容者。

精神之发展，以我们受损的机能：它飞跃，以膨胀在我们器官里的空虚。无健康于五脏里，只要我们明确不是我们自己：我们的厌恶使我们有个性，我们的忧愁予我们姓名，我们的失败使我们成为自我的主宰。我们是我们自己，只能以我们失败的合计。）

非意识的教条

我们能看透一存在（人）的谬误，于其揭示，其计划之虚空，其行动之无用；但如何拔其顽固以时间，当时他藏一狂热，深如其先天，陈如其偏见？我们——似怀一光明的宝藏——怀一堆厚黑的信仰。即便其人能摆脱之，能克服之，仍是——于其清醒的荒漠中——狂热者：于其自我，于其存在；他痛斥其所有的执念，除了诞生它们的地点；他失去了其所有的成见，除了复兴它们的不变。生活教条，种种不易，多于神学；疯狂的胡言，信仰的乱语，皆黯然失色，以存在于绝对无误中的每一存在。怀疑论者，其自己，爱其怀疑，明为怀疑论的狂徒。人，出类的教条存在；其教条越深刻于不立之，不视之，不逆之。

我们，所有人，思索许多，而迷信更多；党同伐异，我们庇护，血腥偏见，我们照顾，且我们捍卫我们的理念，以极端的手段，我们行走世界，如巡回堡垒，如正义要塞。每一人，于自我，乃一至高的教条；无一神学资其神圣，如同我们保佑自我；此自我，若我们以怀疑包围，以问题处置，仅仅是因为一优雅的错误于我们的傲慢：诉讼提前获胜。

如何避免自我的绝对？设想一存在（人），无以本能，不配姓名，于他，其自己的形象，是未知的。但世间一切向我们反照我们的特点；且，夜，其本身，从未黑暗充分，以阻止我们视之。太现实于我们，我们的不存在，先于诞生，后于死亡，影响我们，唯以其概念，唯以某些瞬间；我们感到我们有限的狂热如一扭曲的永恒，但它仍是无限的，以其原则。

其人不自我崇拜，则尚未诞生。有情者，皆自爱——否则，其何来，此肆虐于生之深渊，活之表面的惊骇？每一人，于自己，乃唯一之定点于此世界中。若某人死，以一理念，只因此理念乃其理念，其理念乃其人生。

理性的批评清醒不了"教条的迷梦"。她（理性）能动摇哲学莽夫的大量确信，以更灵活的命题替代僵硬的肯定，但如何，以一理性的方式，动摇造物，眠以其教条，不使其灭亡？

二元性

是一庸俗，使我们接受世间一切，而其力量不足以使我们接受此世界本身。因此，我们能承受生的痛苦，也能放弃我们的生命，能任由自己沉沦于欲望的洪流，也能抛弃欲望。存在的赞同中存在一卑鄙，我们免于它，幸以我们傲慢和悔恨，尤其幸以忧郁，防我们崩溃于一最终的肯定，拔我们于我们的懦弱。有否一事卑贱于称"诺"于此世界？而我们不止增加此同意，此庸俗的重复，此忠于生活的誓言，否定于我们内心拒绝庸俗的一切。

我们可以活以他者之活，我们可以匿一"否定"，其远大于此世界：此乃忧郁之无限……

（我们只能爱他们，他们不超过必须于生活的庸俗之最低度。而此庸俗的总量，界定将是不易的，尤其因为无一行动能够避之。所有生的废物证明其不完全是卑贱的……其人，出于泥，占上风，斗邻里；败者赔以一其所不愿玷污的纯洁。人人心中，无一现实于其自己的庸俗，乃一切基本活力之源头。但另一方面，生活上，我们越是安定的，我们越是可鄙的。不散发一阴森的光波于自身的周围，其经过不遗留一来自远方世界的忧郁痕迹，其人属于亚动物学，尤其属于人类史。

庸俗忧郁，两者比较，不可减少，所有其他者，与之比较，皆似精神之发明，任性而可笑；即便最尖锐的矛盾，迟钝于此对比，于其中对立——以一定的比例——乃我们卑鄙的基础和空梦的痛苦。)

背叛者

他想起是出生于某个地方，信仰于故国的荒唐，举出种种原则，宣传狂愚的行动。他感到羞愧……且发奋于诀别其昔日，于离弃其现实的或梦中的故乡，于否认种种产生于其精髓的真理。他求得冷静，唯于此后，灭其心中最后的公民反射及遗传的狂热。当他欲自由于种种系谱，甚至当古代贤人的理想，所有城邦的小人，于其眼中，皆一和解，心的风俗习惯如何能再束缚他？其人再无法决定，因为所有人皆有对有错，皆有理非理于同时，其人必须忘记自己的名字，践踏自己的身份，重启一新的人生于无情或绝望中。或者，发明一他种的孤独，自放于空虚中，以流亡的欲望，步无根的阶段。免于所有的偏见，他将是最无

96

用的人类，无人求之，无人畏之，因为他接受一切及拒绝一切以相同的超然。少危险于一少脑的昆虫，但，于生命，他乃一瘟神，因为生命已绝迹于他的词典，连带创造之七日。生命将宽恕他，若他至少尝过混沌，那里开始生命。而他否认种种狂热的出身，开始以他自身，只存此世界之一冰冷的记忆及一精致的悔恨。

（一否认，又一否认，其存在越来越微薄：越模糊且越不真于一叹息的三段论，他如何是一血肉的存在？他是贫血的，媲美于理念；他自我抽象，于其先人，于其朋友，于每一灵魂，于其自身；其血管，曾经不安，今于其中停留一他世界的光明。自由于他的已经，无心于他的未经，自毁其所有行程的界线，自拔于所有时间的标记。"我绝不会再遇见自我"，他自言，幸亏以其最后的憎恨反对自己，更幸亏还能消灭——以其宽恕——有情及万物。）

未来的魅影

我们有权于设想一时间，其时我们已经超越一切，甚至是音乐，甚至是诗歌，其时，我们传统的诽谤者，我们热情的中伤者，我们，将达到一自我之否认，使我们厌倦于一已知的坟墓，度日以一残破的尸布。当一首商籁，其格律升华一词语的世界为一傲慢设想的宇宙，当一首商籁，不是一诱惑于我们的眼泪，且中间于一奏鸣曲，我们的疲倦胜过我们的激动——于是坟墓不再图谋我们，它们只收留新鲜的尸体，尚充满体温的怀疑和生命的回忆。

先于我们的暮年，来临一时间，其时抽走我们的活力，屈服于肉体的食言，我们，一半尸体，一半鬼魂……我们将镇压——以伙同幻觉的恐怖——内心所有的悸动。因为不知道如何以一首商籁解体我们的生命，我们拖延我们的腐烂而支离破碎，且因为已远离于音乐和死亡，我们失去平衡，失去方向，倒向一不朽的葬礼……

僵念之花

只要佑于疯狂，人类行动且昌；而一旦自由于僵念的暴政，则失败灭亡。他开始接受一切，以其宽容，开始包涵，不仅种种次要的滥行，而且种种犯罪和畸形，种种无良和失心：万物等价于他。其宽赦，自我之毁灭，延及于有罪者的全体，及于受害者，及于行刑者；他属于所有的派别，因为他拥护所有的观点；凝胶状，污染于无限，他已经失去了他的"人格"，缺一标点，或一紊念。万能观化万物为不辨者，其人尚能辨之，非其友，亦非其敌，有一蜡心，以不分法，表现为事物与存在的形式。其恻隐被寄予存在，而其仁慈，乃怀疑的仁慈，非爱的仁慈；此乃一怀疑论的仁慈，禁果之果，原谅所有异常。而立场者，生活于决定与选择的疯狂，从不是仁慈的；不能理解所有的观点，禁锢于其欲望及原则的视限，他，陷入一有限的昏迷。因为万物成长唯以背弃于万能者……成为某物——无论条件——永远是一疯狂，其活力——僵念之花——绽放，只是为了萎黄。

天犬

我们不可能知道一人必须失去什么以有勇气蔑视所有风俗，我们不可能知道第欧根尼失去了什么以成为如此的人类，为所欲为，化其精深的思考为粗俗的行动，以一超常的傲慢，似成于一知识的神明，不仅淫乱，而且纯净。无一人更自由；真诚的极限者，清醒的临界者，我们存在之可能的典范，若教育不克制我们的欲望，若虚伪不收敛我们的态度。

"一日，一人要其入一富丽之室，言之：'万勿唾痰于地'。第欧根尼遂生唾意，射其痰于彼人面，扬言：此乃唯一之污秽所，吾可得之且可为之。"（第欧根尼·拉尔修）

谁，为客于富人以后，不有悔恨于未备汪洋唾液以倾覆尘世所有地主？谁不有咽其口水以惧唾面于一大腹便便而名重的窃贼？

我们谨慎荒唐，我们羞怯可笑：犬儒，不习得于学校。高傲亦然。

"梅尼普，于其作《第欧根尼的美德》中，称第欧根尼曾为囚插标，有人问他，会做什么，答曰：'统帅。'且高呼：'求欲购主人者。'"

此子，对抗亚历山大，对峙柏拉图，手淫于公市，（"告天：自摩己腹而足以不饥！"），此人，木桶成名，提灯闻世，且年轻时乃一伪钞犯（有否更崇高的庄严于一犬儒者？），其邻人有何体验？——无疑，所有我们的体验，而以此不同：人，乃其思考的唯一主题，乃其轻蔑的唯一物质。未曲于任何伦理玄学，他，自行宽衣，天体人类，以示更朴素，也更恐怖于种种戏剧及天启之所为。

"苏格拉底成了疯子"，柏拉图呼之如此——"苏格拉底成了真人"，柏拉图当名之如此，苏格拉底，绝于至善，绝于公理，绝于城邦，终只是心理学家。但苏格拉底——即便是崇高的——仍是拘礼的，他仍是导师，是教化的模式。唯有第欧根尼无任何提议；其态度的基底——且其本体里的犬儒基础——皆决定于一作人之荒唐的肾子之恐怖。

此子反思人之真实不以虚象，若他想留在此世界的内部，且消灭神秘主义，以为上计，将生一幻觉，于其中智慧、苦涩、滑稽混在一起；且，若他选择公市为隐居所，则展现其活力于笑话其"同类"，或示其厌恶；此厌恶，于今日，因基督教及治安，我们不再可能自纵。两千年布道执法缓和了我们的怨恨，冲淡了我们的痛苦；再者，在一个匆忙的世界里，谁会停下脚步以回应我们的放肆或欣赏我们的犬吠？

最伟大的人类行家被名为狗，此证明于任何时代人类从无勇气接受其真实的形象且始终粗暴无礼拒绝真理。第欧根尼，自废矫情。何等怪奇，他人眼里！以有一尊贵地位于哲学界，必是演员，守理念之游戏，好虚构之问题。人类如此，无关于你。再以第欧根尼·拉尔修：

"于奥林匹克赛，令官宣布：'第欧西佩，克胜人类（所有人）。'第欧根尼回应：'其所胜者，唯奴隶耳，克服人类，乃吾家事。'"

且，确实，他克服了人类，无与伦比，以武器，胆寒暴君，他，只有一褡裢；他，乞丐之最穷者，傻瓜之真圣徒。

侥幸，他诞生，先于十字的降临。谁知，是否嫁接其超然，一超人冒险的病态欲念，不会引诱他成为一平庸的苦修士，而后封圣，堕落真福者，载入历书中？那样，他将疯狂，他，最最正常的存在（人），脱离于一切教育及一切学说。人之恶相，他乃唯一者，示之于我们。犬儒之长皆污损于一为敌事实的宗教。但那一刻来了，以"天犬"的真理作对神子的真理；"天犬"，其同代一诗人如此呼之。

天才的歧义

每一灵感发于一夸张才干：抒情——及隐喻的全世界——将是一可怜的冲动，一拙劣的兴奋，无以热情于充盈词语，爆炸字句。当宇宙的元素，或其维度，减少太多，缩小太多于充当我们状态的比喻，诗——以经过其孕育期和临产期——只望一丝清醒于此冲动中，其预示之且诞生之。不虚的灵感无一不起于一大于世界的灵魂之反常……在莎翁的词火里，于雪莱的诗焰中，我们闻得言辞的灰烬，言神的尘埃及焦臭。一词语叠另一词语，似乎无一能达到内部膨胀的当量；此乃象之疝，蹩脚言辞的超越破裂，诞生于日常的用法，飞升至心灵的高度。美之真相，养以夸张，照面一丝分析，自现丑恶荒唐。诗：词语宇宙的起源妄想……有否更有效之结合撞骗与狂喜？谎言——泪之泉！其乃天才的诈骗与艺术的奥秘。从乌有夸张到天堂；不可相信者，宇宙的生产者！因为在所有的天才的心里共存一马赛人和一创世者。

厄运崇拜

越野蛮存在的一切建筑，予世界形容的种种力量，皆受之于厄运——形形色色的创造者，我们行动的明因子。超越我们者，其圆所不周：能有何等意义于我们，一无伤我们的事件？未来，伺机我们，以献祭我们：精神，只记录存在的断裂，而感官，继续颤抖在恶的期望中……从此刻起，何能不关心路希·德·夏多布里昂[1]或君德罗德[2]的命运，与前者重复此言：
"我将长眠于我的命运。"或兴奋于此绝望，其将匕首
插入后者的心脏？除去一些典范，其过度忧愁，几个
独一无二的自杀者外，人只是充满红血球的木偶，以
生产历史及历史的怪相。

当，厄运的崇拜者，我们，将它作为未来的因子
和实质，我们沐浴，以宿命的清醒，以灾难的曙光，
以丰饶的地狱……但当以为厄运已尽，我们忧其不死，
存在失明，且将是不是。我们感到害怕，于重新适应
希望……于背叛我们的厄运，于背叛我们自己。

魔王

他，在那里，在血的火海里，在每一细胞的苦涩
里，在神经的颤抖里，在憎恨叛逆的祈祷里，以我们
的恐惧，于处处安居。任凭他收割我的时光吗，当我
可以，我之毁灭的谨慎从犯，唾弃我的希望且抛弃我

---

[1] 路希·德·夏多布里昂，法国著名作家夏多布里昂的姐姐，一
生命运坎坷竟至神智失常。
[2] 君德罗德，德国浪漫派女诗人。

自己？他——害命的租客——分享我的床位，赞同我的失忘和失眠；以毁灭之，我之毁灭，乃必然者。而当唯有一身一魂，一者太沉，另一者太昏，如何再承受负担与黑暗的增补部分？如何寸步于黑暗的时间里？我梦见金色的一刻，在未来之外，我梦见光辉的一刻，超越于器官的痛苦，于解体的和声。

听，临终的悲鸣，病魔的欢喜，皆盘踞于你的思想——此闯贼，绞杀否？而若击之，将只是以一于己无用的得意。他已是你的化名，你不可能伐之而无恙。为何不直面最后一幕的临近？为何不问罪自己以你的真名？

（将是完全错误的，于信仰魔鬼的启示乃一实现，其不可分离于我们的时限——可是，当我们陷入其中，我们无法设想曾经之平淡瞬间的数量。祈求魔鬼，乃染于一神学的残色，一明昧的冲动，故我们的自负拒绝接受如此。但何人不识此种惊心，于其中我们发现自己对面黑暗的储君？我们的自大需要一个名分，因为洗礼巨大的痛苦需要巨大的名分，将是可怜可鄙的，若其出生于生理的学问。传统说法似更喜人；一形而上的糟粕，很适合我们的精神……

因此——为掩盖眼前的大病——我们求助于种种实体，其虽精致，而尽过时。如何承认最神秘的眩晕只是神经不适的产品，同时其足于我们认为魔鬼在我们体内或在我们身外，以立刻振作我们？其得于我们的古人，癖好于表达我们的心病；神话已充满我们的血液，文学保持我们品味于结果……）

对一"新生活"的嘲讽

钉于自身，我们，无能于走出位于绝望天才中的路。免我们于生活，因为其不是我们的元素？无人颁布虚无的证书。我们必须坚持以呼吸，感受空气烧灼我们的嘴唇，积累悔恨于一我们失望之真实的核心，放弃赋予一说明于持续我们失败的疾病。当时间的每一刻冲向我们似一匕首，当我们的血肉，受欲望唆使，拒绝变成石头——如何面对独一的时刻被加入我们的命运？以何等的诡计，我们能发现幻觉的力量，以寻觅另一人生，另一新的生活？

因为每一人注视其曾经的破败，必自以为——以免将来的破败——乃以其能力重新启动某种激进全新的事物。他们自许一庄严的承诺，期一救赎的奇迹，脱平庸之漩涡，逆命运之抛弃。但无事发生。他们继续是他们，衰落，乃其特征，修正，唯以此加深。周身之所见，唯灵感之丧失，活力之衰退：人人万能，但人类生存以知其灵光的易灭和人生的无能。一存在的权威立以其自己的崩溃。我们未来的荣昌：堂堂之道路，失败之导向；我们天才的绽放：我们溃烂的伪装……以骄阳征服腐尸的春光；美者，其本身，仅仅是洋洋者在花蕾中的死亡……

我看见了"新的"生活无一不是虚幻的，且连累生活的根本。我看见了人人度日以自绝于一痛苦的三思中，重返自己，以及作为更新，其希望的意外怪相。

三绝路

精神发明身份，灵魂发明倦闷，肉体发明迟钝。同一之不变的原则，不同之表达以三种普遍的乏困。

存在之单调证唯理之论文；其示我们一合法的宇宙，其中一切皆意中体合；无意外的野蛮出现混乱其协和。若同一精神发明反抗，同一灵魂发明谵妄，同一肉体发明疯狂，乃以产生全新的非真，以逃离一非常明显相似的红尘；谁占上风，反理之论。荒唐的繁盛发明一存在，先于其，一切之观点的清晰皆似一无聊的贫凡。此乃不测者的永恒侵犯。

于此二倾向间，人类显示其明昧：不在生活中，也不在理念里，发觉自己的位置，自认为注定于任性专制；而其自由存在的陶醉只是一扭动于宿命的内部，其命运的形式，格律不逊于一商籁，格局输于一星座。

欲望宇宙论

有体验所有反生活的理由，我有剥夺其所有的味道，且躺在其残余中，我有感到其赤裸。我有知道后性欲的形而上学，及枉然诞生的宇宙空虚，及将你投入远古严寒的汗水之耗费，先于物质的狂热。我有想忠于我的知道，及休眠我的本能，我有发现其是无用的，帅虚无之军，若不能反攻自己。因欲望的入侵，在知识的中间（削弱欲望的知识），引发一恐怖的冲突于此两者间：我们的精神和非理的深渊，前者敌对创世，后者捆绑我们于前者。

每一欲望屈折我们的真相之总量，且迫使我们重新思考我们的反对。我们遭到一实际的失败；而我们的原则保持不坏……我们曾希望不再是此世界的小孩，我们此刻顺从欲望，如暧昧的苦行者，如时间的主宰者，如腺体的附庸者。但此游戏是无限的：每一我们的欲望再造此世界而每一我们的思考毁灭之。日复一日交替宇宙之开始和世界之末日：每日的造物者和毁灭者，我们实践一无限长久的永恒神话；而每一我们的瞬间重现及预兆此种子和灰烬的命运，它们已归入无限。

行动说明

无人会否定最卑鄙的行为，无以感觉于其乃独一的真实。此盲目乃存在之一切之绝对基础之不争原则。其人争议之，唯证明其乃小者，其怀疑已破其精力……但，于其怀疑中，他必会感到其前进虚无的重要。"不值得，不存在"，知此不以言明将是一信仰，因此将是一行动的可能；是因为即便一不存在的存在也预设了一未明言的信仰；一步——即便是向往仿佛的真实——也是背叛于虚无；呼吸，其本身，源自于一萌芽的狂热，如一切参与于运动中……从散步到杀戮，一一作下只是因为他感觉不到没有意义：地上所做的一切皆出自充满空虚的幻觉，虚无的神秘……

除创世及世界的毁灭外，所有行动，同是无用。

无物的人生

中立的观点，似干枯的双眼；忧愁的目光，灭万物之一切凸显；自我的听断，化情感为关注现象；朦胧人生，无泪无欢——何能灌输你们活力青春的俗气？何能忍受此离职的心脏，此时间迟钝非常不堪传输生产和消化的酵素于其自己的季节？

当你，在每一信仰里，皆看到一败腐，在每一忠实里，皆看到一亵渎，你再无权利期待，于此于彼，修改于希望的命数。你必选一十全十美、荒唐孤独的海岬，或一滑稽的星辰，其星座的背叛者。忧伤而无赖，你的生活嘲笑了它的瞬间；此刻，人生，乃虔诚于有限，乃感性于舞动的永恒，乃此时间，其超越自己，竞赛恒星……

淡漠

器官的停滞，才能的衰退，僵硬的微笑，它们是否时常提醒你，修院的倦闷，上帝的孤心，在手淫的狂喜狂怒中修士们彼此厌憎的枯燥愚蠢？你，只是一修士，不以神圣的假说，也不以孤僻的傲慢。

地，天，你道房的四壁，于其气中，呼吸不动，唯占据一祷告的缺席。承诺于永恒的空闲，于寒战的周边，于霉变的欲念，其腐烂于救赎的将现，你，起动自己，朝向审判，不以排场，不以声张，而你的思想，以全部的隆重，只设想了希望而非真的游行。

以痛苦的力量，灵魂曾冲向穹苍；你碰壁于它们。你又堕落大地，似落入一陷阱，无以诚信，闲荡于大道，流连迷途少女的公会——与你自己的修会。

勇与怯的危害

感到害怕，是思考不断于自己且不能设想一物之物的过程。恐怖之感，感觉于一切存在皆反对你，假设一已知的世界，不以无关的危险。胆小者——夸张主观的受害者——自认为，相比其余的人类，更加是敌对的目标。他照面勇士，以此荒谬，后者，反之，隐约感觉刀枪不入。两者皆登自恋之极：于一者，一切皆反对者，于一者，一切皆爱慕者。（勇者，唯一冒充的好汉，其接受挑衅，望风逃窜。）在世界的中心，一者，积极地安居，另一者，消极地生活；但他们的幻觉是同一的，其认识的出发点是相同的：危险，如唯一的真实。一者忧之，一者求之：他们无法以万物设想一清晰的蔑视，他们归一切于自己，他们是非常不安的（且，世上一切邪恶皆出于不安的泛滥，于勇武之动态虚构，于胆怯之积极伪造）。因此，他们，相似而矛盾的典型，皆一切动荡纷争的代理人，时代前进之骚扰者；他们渲染事件的雏形以他们的情绪，投资其狂热的计划于堕落不堪的宇宙，除非一平心厌恶的放弃。勇与怯，一病之两极，合滥予生活一意义，一严肃……乃不足于懒散的痛苦，人类皆为宗派的牲畜：罪恶，其最精妙者及最粗鄙者，皆犯于事事严肃者。唯业余者，无鲜血的嗜好，唯他，不恶……

解醉

人之无隐的操心皆可勾画，清晰如此页之轮廓……何载于其中，若非此累世的厌恨，其被奴役，如种种建议，于一三段论之不育的宿命里？人之冒险，确有期限，其可思之，无以同时。当于内心我们完成了与历史的离异，完全之多余，参与其终结。人类，我们只需面视之，以摆脱之，以不再悔恨于欺骗。千载苦海，哀感顽石，而只麻醉了此钢铁的蜉蝣，此短命而强硬的怪物模范，兴奋于一乏味的疯狂，激动于一无法察觉，也不知羞耻的生存意志。当我们领会人之任何动机皆不容于无限，任何姿态皆不当于动作，心脏，以其跳动，不再能秘其空洞。人之混合，以一统一而枉然的命运，于冷漠的眼睛，如星辰——或军人墓园的十字。种种目的，举于生存，报于分析，何免于滑稽场或停尸房？何不启示我们，其是无用的，或是不祥的？有否一独一的魔法能继续诓骗我们？

（当我们被逐出有形的规章，我们将是，如同魔鬼，无形的非法；我们被赶出世界的秩序：不再发现地位于其中，我们视之，无以识之；惊愕合法为反射，与此同时，痛苦的惊愕，没有客体，被永远系于空虚。其不再回应事物，我们忍受此感觉，因为事物不再刺激之；我们因此甚至超越了"忧郁天使"的梦，且我们惋惜于杜勒[1]之无忧于越来越远的目光……

当时一切似乎具体非常，实在过度，甚至最崇高的幻象，我们追求一未定者，其既不属于生，也不属于死，当时一切联系以存在，此乃于灵魂的侵犯，灵魂被逐出全能的法庭，且不再负责立法，也不负责违法，对手——以忧愁——竞争神圣的万能。）

恨之心路

我不恨任何人——恨却染黑我玫瑰色的血液，且我金刚的肌肤。如何驯化，以温柔的审判或严厉的裁

---

[1] 杜勒（1471—1528），德国中世纪末期、文艺复兴时期著名的油画家、版画家、雕塑家及艺术理论家。

决，丑陋的忧愁与剥皮的惨叫？

我曾想热爱大地与天国，爱其辉煌与疯狂——
而其中之一切无一不令我想到死亡：群芳，众星，万
相——憔悴之象征，所有可能坟墓的假定盖板！成于
生活，且使之高贵，或自向于一恐怖的死亡，或一平
常的末日。人心汹汹敢发滔滔灾难，无一魔鬼有胆于
此。若遇狂精，必受其害。信仰其真理者——唯一者，
其印记存于人类的记忆——其留下，尸横遍野的大地。
宗教凶徒，罄竹难书，血腥暴政，相形见绌，受封圣
徒，欲望杀戮，良心刺客，自叹不如。

提出一新的信仰之人，是受害者，直至其成为
迫害人：真理皆始于对抗治安而终于报警求和；因为
令人痛苦的荒唐都会变成法律，正如所有的烈士皆终
于法典的条文，于日历的庸俗，于道路的名目。于此
世界中，天空都能成天公——看看那些以天为生的时
代，中世纪比最荒淫的时期更不惜战争，野兽的十字
军，虚伪粉饰以崇高，比之匈奴之入侵像是落魄部族
的胡闹。

纯洁的英雄沦为大众的帮佣，空灵的神光败于祝圣的仪式。一天使，一宪兵——这就是原因，真理凋零，这就是为何，狂热满盈。只要造反有理，狂徒四起，启示传播，机构渔利，为了曾经之孤独的寒栗——分归于做梦的新人——被奸污于一卖淫的存在中。指示于我，世界之中，唯一之物，其以善始，无以恶终。最傲慢的心跳冲入一下水道，那里它们停止搏动，因为终于其自然的期限：此没落成立心灵的悲剧和历史的反感。每一"理想"，于其开始，皆食其信徒的鲜血，消磨而殆尽于大众之欢迎。看啊，圣水缸变成了痰盂罐：此乃"进步"之无敌的节奏……

于此情况中，向何人倾泻其憎恨？无一人是存在的责任人，更不负责其是何等的存在。存在侵袭，后果种种，人人忍受，如同野兽。此乃为何，在一个万物皆可恨的世界里，恨将是大过世界的，且因为超过了其目标，失效。

（非可疑的疲劳，也非明确的器官紊乱，显示我们活力的低潮。也不是我们的困惑，或体温的变化——但只需感到恨意来临、无端同情、狂热无限，以知我们的平衡存在危险。恨万物，也恨自己，大发食人的狂病；同情世界，也同情自己——两运动，其表面相反，源头同一；因为我们只能同情于我们欲消灭者，及不当于存在者。且在此痉挛中，受之者及受之之世界皆必有相同之毁灭而可怜的狂怒。突然，当你被同情感染而不知为何，此是器官之累，大崩之象。当此不明而普遍的同情转向于自我，此乃人之末日。以一无量的体弱，生消极的并症，或以憎恨，或以同情，系我们于万物。此二者发作，或同时，或接连，与其说是未定的症状，不如说是衰老的迹象，且怒于一切——从无形之存在至自身之明确。

但不能自欺：两者的发作皆是最清晰的，也是最过分的，但绝非唯一的——以不同程度，万物皆病理，除去冷漠。）

地狱人民

何等荒唐之想法，建俱乐部于地狱，火焰之强度，变化以包间，酷刑之种类，分别以贵贱！重要者，乃存在于其中：其余者——简单的装饰……或者说，烈火。天城之中——更温柔于地府的预兆，两者之一切皆属于同一主宰——必要者，同等地，不是成为什么——国王、布尔乔亚、零工——而是拥护之，或避免之。你可以支持此想法或彼观点，或为尊，或称臣，从此你的行动及你的思考皆役于一真实或梦想的城市，你是其信徒，也是其囚徒。最害羞的打工者与最热情的安那其，若于其中，用心不同，皆以之为生：以内心，皆公民，尽管一者偏爱其拖鞋而另一者喜好其炸弹。人间城市的"圈子"，犹如阴曹地府的包间，囚禁众生于一恐怖的社区，集合于同一苦难的游行，求细微差别于其中，乃无用功。赞同于人类事务者——以任何形式，或革命，或保守——自毁于一卑鄙的愉悦：杂其高贵和庸俗于未来的混乱……

反对者，在或不在于城市，皆厌恶于介入大小事件的过程，共同生活之一切模式似乎同等可鄙。于其双眼，历史呈现，唯翻新之欺诈及意中之骗术的苍白之利息。活在人类中者，尚待一独一而不测的事件，其一无所知且永远无知。他烂熟于城市：一切当供于他，一切岗位与一切荣耀。此乃全人类的事实——其说明月下阴世之长生不死。

历史与白话

种种文明，萎靡恶臭，我们何能爱其秋零的智慧？希腊的悲惨，罗马的凄凉，先于北方的寒冷及北人的反应，皆出于一厌恶，其厌恶于曙光，于未来之泛滥的野蛮，于健体的愚昧。每一历史秋末的光华衰败皆暗淡于斯基泰人的接近。无一文明能被消灭于一未定的临终；众多部落，周游不善，皆嗅觉芬芳尸体的恶臭……因此，落日的信徒凝视于所有之雅驯的失败及活力之厚颜的进步。未来的集合，留给他的只是野史的收集……一事件的体系不再证明任何：丰功伟绩入童话教程。曾经的辉煌冒险，及其创业者，尚能兴味，只是为了其所得的那些美言。征服者，无精神，必不幸！耶稣，两千年之间接独夫，铭记于其信徒及谤者，唯以残缺的奇论，勾勒其机敏戏剧的人生。何能继续寻访一烈士的事迹，若他未有相当于其苦难的金句？我们存念或旧或新的受害者，是因为其飞溅的鲜血不朽以其泛滥的白话。刽子手不会消失，因为他们是演员：尼禄久已无闻，无以其嗜血小丑的冲动。

在垂死者之侧，亲朋善友附耳倾听，与其说是为了破解其最后的心愿，不如说是为了收集其将死的良言，于日后援引，以荣耀其名。如罗马史家从未疏于描绘其主君的临终，乃以置于其中一真实的金口玉言，或一认定的龙崩之叹。此乃真理，于所有的临终，甚至于最普通者。人生示虚，无人不知，无人不预：至少使它得救于一白话之塔！一段话，于其人生的转折——此几乎是全部，我们要求于伟人和小民。若他们无视于此要求，于此义务，他们将被彻底遗忘；因为，我们宽容一切，甚至宽容犯罪，当它们成为精致的评论——且一去不返。乃赦免，人类整体之予之于历史，当任何其他的标准皆证明不了可行与有效，当时，回顾普遍的无用，他发现，最高贵者，乃失败的文学家，乃鲜血的美食家。

世界之中，苦难种种，它们混合，它们消失，唯一统治，语言形式。

哲学与卖淫

哲人，出体系而弃迷信，但继续坚持，以世界的方式，当效仿站街之皮浪主义者，最少教条的尤物：公用少女。不挂一丝而洞于万物；配合客人的心意；变化音色与表情，以每一场景；要悲则悲，要喜则喜，存在无心；挥霍叹息于商业忧虑；以高明而假情的目光注视上位而真诚的作乐——她推荐精神—行为模式，堪比圣徒的举止。存在而无以信人，也无以信己，此乃卖淫之高等教育，清醒之流动学院，社会之边缘，哲学之同类。"一切我所知，我皆已习得于小姐学校"，当高呼：接受一切及拒绝一切的思想，当以其榜样，他成了专家，在疲劳的微笑中，人类于他皆只是客人，而世界的人行道，皆只是市场，于那里他贩卖他的苦涩，如其同行，销售她们的肉体。

本质的萦念

当所有提问皆像是偶然和边缘的，当人类精神永久探索更巨大的问题，最终，以其方式，它将不再碰到任何客体，除非空虚之弥漫的障碍。从此，哲学的冲动，专一之转向于不可及者，迎接它的破败。周游万物与种种临时的借口，它加身种种有益的拘束；但，如果它探究一越来越普遍的原则，它将迷失且消失在本质的晦涩里。

繁荣于哲学中，唯当时止步者，其接受限制及安逸于不安之合理阶段。所有问题，若及其根底，则至其破产且发明智力：越多问题及越多回应于一无际的空间里。问题反对提问的精神：精神是问题的牺牲。一切皆精神的敌人：它的孤独，它的鲁莽，黑暗的绝对，无验的神明，及显然的虚无。达本质一刻，不停止，就该死！历史表示，攀登问题，至于极限的思想者，其止步于最后的阶段，荒唐的阶段，只留给后人一无果的典范，而他们的同行，停于半路，丰富精神的流动；他们利其同类，传授一些制作精良的偶像，一些文明的迷信，一些伪装的科学，一种希望的哲学。有否，他们领悟一过分进步的种种危险，轻视以善意的误会，使他们有害于他人，也有害于自身；他们将印刻其名于宇宙的边缘及思想的极限——病态的探索者，乏味的天谴者，无益晕眩之爱好者，不可梦想之追求者……

反抗本质，乃唯一者，于人类有益之想法。将作何——它们，以思想之一方，其中甚至没落其人，向往居于其中，以自然之倾向或病态之渴望？无气息之领域异于日常之怀疑。若某些精神定位自身外于约定的提问，是因为一根于物质深处的本能，或是因为一生于宇宙疾病的邪恶，掌握之，引导之，以反思之令，非常之严格，非常之巨大，以至死亡仿佛没有重量，命运的元素，胡说的基础，玄学的装置，皆似玩笑，令人怀疑。萦念以一终界，虚空中之进步，生最坏之不育，与之相比，虚无仿佛是一丰饶的承诺。不满其所作者——不满其工作，或其冒险——只能移植其有限的需求于普遍的层面，以不再能完成其工作和人生。

形上的苦恼是一极度审慎之艺者的条件，其对象将只是存在。由于一再的分析，他至于创作的不可能，于完成宇宙之缩影的不可能。诗艺者，弃其诗歌，怒于词语的贫穷，兆精神之不满，于存在的整体中。排列元素之不能——故其表达失去意义和滋味——导向空虚之启示。故拙劣的诗人或遁入沉默，或潜心难解的秘术。正面于宇宙，过分严格的精神所受之失败同类于马拉美正面于艺术所遇之挫折。令人恐慌者，正面于一不再是客体的客体，不再能操控的客体，因为——以一理想的手段——我们超越了其界限。不留于其所育之真实的内部者，超越生存的工艺者，应当或创作以非本质者，倒退回来且安身于永恒的闹剧，或接受一分离状态的全部后果，而其是多余的，或是悲剧的，或以观之，或以验之。

模拟者的幸运

　　有否一愉悦妙不可言于观一神话之破灭？何等的心灵之挥霍，以产之；何等的不容之滥用，以尊之；何等的危险之恐怖，以反之；何等的希望之用度，以视之……气绝！智慧作为，唯在其时：信仰枯萎，其文松弛，其教懈怠，其法温良。时代之终结皆精神之天界，因为其只能在一个完全溶解的机体里重获其游戏和任意。不幸存在于一创新盛世者，受其种种常规及限制；一片面观点的奴隶，被囚于一有限的眼界里。历史之时刻最丰饶者同时皆最窒息者；其如宿命，令人生畏，有益于天真的精神，致命于一精神空间的爱好者。自由幅度，唯在其中：醒悟而无能的模拟者，晚期的聪明人，种种时代，风格自崩，唯启发一反讽的奉承。

　　入一其神之未定的宗教——先立威以火以血——后当是每一博学者的典范。当一神话萎靡苍白，其支持机制温柔解语，其种种问题将得到一可人的弹性。

一信仰的衰退点，其活力的减少度，置一温柔的空虚于种种灵魂，且使之脆弱，但不允许它们再昧于种种觊觎未来且黯然明日的迷信。安慰精神者，唯先于此历史的剧痛，其先于每一曙光的疯狂……

终极的勇敢

尼禄曾呼："大幸者，普里阿摩斯，得见其国之破。"若是真的，则追认其功：上登挑衅的巅峰，下至明丽作态与阴森夸张的极点。出如此之言，以人君之口，如此恰当完美，则人人有权庸俗，甚至人人有义务庸俗。谁能再自命荒唐？我们的平庸琐事驱使我们赞赏此凶残无情且演技不堪的罗马帝王（乃因为其疯狂显荣汗青，而其祭品哀痛无名。成文之历史至少同样无情于其出生之事件）。全部之姿态相比其动作皆滑稽之模仿。若是为真，其火烧罗马，以品味《伊利亚特》，有否更动情之尊敬于一艺术作品？此无论如何，乃唯一典范，于行兵的文学批评，于军事的美学审判。

一作品作用于我们的效应是真实的，唯我们有模仿其情节的渴望，有杀人的渴望，若其主角害命于其中，有嫉妒的渴望，若其是嫉妒者，有生病或死亡的渴望，若其病痛或绝命于其中。而此全部，于我们其他人，仍是虚的，或者说，沦为空文……唯有尼禄以壮观奉献文学，其逼真的书评以其同胞的残骸和都城的灰烬制作……

此言须有一出，此举当有一立。一恶棍主动负责。此可安慰我们，此当安慰我们，否则如何能重复我们习以为常的惯例与精明睿智的真理？

败者之像

一举一动，皆为恐怖，他反复自语："动者，何等的愚蠢！"使之愤怒的种种事件不如使之参与其中的那个观念；他激动，只是为了远离它们。其嘲笑已破灭其生活，先于其耗尽其元气。此人乃一思想交汇的传道者，其取于普遍之无意义一其失败之借口。忧于发现一切皆轻，而易于得出如此结论，种种证据涌于其身。论战时，他永远是胜利者，正如行动时，他永远是失败者：他有"理由"，他拒绝一切——一切也拒绝他。他早会者，不当会，以生存——因其天赋十分了然于其才能，他挥霍之，唯恐其殆尽于创作的愚蠢。承受其可能之存在的形象，如承受一污辱，或一明光，他羞红而自荣以其乏味的出众，永久之异类于天真之诱惑，唯一之自由者，时间之奴隶中。他采其自由于其未完的无限；此乃一无限而卑鄙的神，其不限于任何的创造，不爱于任何的造物，不容于任何的凡人。蔑视，他倾泻于他者，而他者还之。他只能弥补其未作的行动，尽管此数量过其受伤之自尊的计算。但最终，以为慰藉，于无冕一生的尽头，他佩戴其无用，以为其王冠。

（"何用？"——败者之金句，谄媚于死亡……何等的兴奋，当你开始感到它的纠缠！因为死亡，先于沉重地压迫我们，丰富我们，我们的力量增强于它的接触；再执行其毁灭我们的使命。徒劳的铁证，将死的感觉，已立于当前，且充满时间的界限，终结于麻痹我们的观念，于麻木我们的希望和我们的肌肉，故新的冲动，兴于每一新的萦念，变成——当其被必然地插入我们的精神———我们活力的消沉。故此萦念唆使我们成为万物和虚无。以常规手段，它应当置我们于可能之唯一选择之前：或是修道院，或是酒吧间。但当我们无力避之，以永恒，以快乐，当被困于我们的生活中，我们既远离天国，也远离凡庸，它改造我们为解体的英雄，此类者承诺全部而一事无成：好闲者喘息于空虚中；一具具僵尸，其唯一的行动皆化作这一思考：它们将不再"是"……）

悲剧的条件

若耶稣终其天命于十字架上，且未作复活的承诺——则是何等的悲剧英雄！其神的一面折损文学一非凡的主题，他因此共享了美学之平庸的、所有义人的命运。如永存人类心中之一切者，如招致崇拜而非必死之一切者，他不容此者，一全面终结之幻象，一悲剧末日之标志。故此乃必须者：无一人从之，且变容未至于上之一非法的神光。最异于悲剧者不过于救赎观、救星观，及永生观！英雄，皆死于他们的行动，不得免死于一超然的恩宠；他无法继续活着——以任何方式，他保持不同，存在于人类的记忆中，如一场苦难的大戏；无有信徒，其无果的命运无任何的产出，除了他者的想象。麦克白，崩溃而无以一救赎的希冀：悲剧里无临终涂油礼。

信仰，其本质，即便当失败，乃以免无救。（以一殉道者，莎翁能创作出什么？）真英雄之战与死，皆以其命运之名，而不以信仰之名。其存在灭尽一切逃生观；不通向死亡的路，于他，皆是死路；工于其"纪录"；忧于其结束；以本能，置一切于工作，以创作种种致命的事件。劫数，乃其元气，每一出路，于其死亡，只可能是叛信。故天命之人决不皈依于任何信仰：他将缺席他的灭亡。且，若他钉于十字架上，他不会眼望天堂：其历史乃其唯一的绝对，正如其悲剧的意志乃其唯一的欲望……

内在的谎言

生存，信仰也，希望也——欺骗也，自欺也。此乃为何忧容骑士的形象仍是人类创作之最真实者，此骑士甚至发现于至臻的贤人中。苦难时代，十字周围，加冕庄严，佛陀涅槃，同样非真，皆成象征，为落魄骑士的系列冒险所否认。人人成，不可能：其谎言的繁殖力各不相同……诈骗获胜：宗教创立，学说诞生，神话流传——狂徒纷纷；诈骗失败：此乃妄言，乃理论，乃假说。唯有死物不添加任何于其本体：石头，不骗人，它不关心人——生活不懈虚构：生活乃物质的小说。

一灰尘，爱鬼神——此乃人：其绝对的，完美相似的形象，具体为埃斯库罗斯眼中的堂吉诃德……

（在谎言的阶级里，若生活占第一位置，爱情立继之，谎言中的谎言。表达于我们混合的状态，周围于一套极乐与酷刑，感恩之，于他者中，我们发现了自己的替代品。以何骗术，双目转移我们于我们的孤独？有否更耻辱之失败于我们的精神？爱情催眠知性，醒悟杀死爱情。非真实不可能无限地战胜，即便乔装以最动人的谎言。此外，何人将有一足够坚固的幻觉，以发现于他者中，其已徒劳寻觅于其自身中？全宇宙不能供我们者，腹下欲火将供之？而此正是日常的，且超常的反常之基础：二人解析，不如搁置——所有谜题；以一人的欺骗，遗忘沐浴生活的虚构；以两人的缠绵，充实普遍生命的虚无。且——蹩脚的高潮——最终沉溺于一任意之合的汗水中……）

信仰的降临

我们的本能，何等的消沉，它们的功能，何等的温顺，先于信仰施展其控制我们行动的及我们思想的全部！第一而天生的反抗受抑制而拖延全部的生命之行动，引发全部的即刻之失败。人——有延迟欲的动物——乃一清醒的虚无，包万物而不含于物，他监视每一物而不主持任何物。

比之信仰之出现，其他事件皆小重要或无重要。但此出现，矛盾于生活的数据，组织一危险的入侵于生命世界的中心，构成一生物学的丑闻。无迹象预示：自然之自发未曾暗示此可能——一动物冲出物质。失其毛发的猩猩，代以种种理想，带上手套的猩猩，伪造种种神明，扭曲自己的怪相，爱慕于天国——何等的痛苦，天性必须忍受，且继续忍受，当面对一如此的堕落！因为信仰行远且准许一切。于动物，活着是一绝对；于人类，活着是一绝对及一借口。在宇宙的演进中，此可能乃最重要的现象，我们有可能将万物变成借口，将我们的日常工作及临终末日变成游戏，一神明及一扫把，将置于同一层次，以任性的神性。

人将摆脱其祖先——及自然、天性——当他清算完其所有的无拘之遗迹，当其生活及他人的生活，于其眼里，不过是一木偶戏，以引发笑声，在一时之终的娱乐里。那时，他将是纯的存在。信仰完成了它的职责……

祈祷的傲慢

当我们至于独白的边缘，于孤单的极限，我们——无其他的对话者——发明了神，对话之至尊的借口。只要你名之，你的荒唐就是精心伪装的，且……一切于你都是可以的。真信徒几乎无别于狂徒；但其疯狂是合法的，是许可的；他将老死于一病院之中，若其失常无关于所有的信仰。但神佑之，予之合法。征服者的傲慢逊色于颂神者的张扬。我们何能如此敢作？何能谦虚将是一神庙的美德，当一老朽妇人设想无限以其能力，超越胆怯以其祷告，其果敢的水平，无一暴君曾经想要？

我愿献祭世界的帝国而得一唯一而短暂的时间，于其时我双手合起，祈求我们之难题及我们之平庸的大责任者。而此短暂的时间构成了任何之信徒的日常品质——且如同正式的时间。但真正的谦虚者重复于己："太谦虚而不能祈祷，太消极而不登教堂，我皈依于我的幽灵，我不愿上帝的投降先于我的祷告。"于推销不朽者，他回答："我的骄傲是不竭的：其资源是有限的。你们想，以信仰之名，征服你们的自我；事实上，你们想存之于永恒，此有限满足不了你们。你们的傲慢论优雅精致胜本世纪所有的野心壮志。何等的光荣梦比于你们者能不像是欺诈和幻觉？你们的信仰只是一种见容于社会的伟大妄想，因为它走伪装之路；但你们的尘埃乃你们唯一的萦念：贪求无限的时间，你们攻击此疏散你之欲望的时间。唯有来世乃足够宽阔者于你们的贪欲；大地及其瞬息，你们视之为非常之脆弱。修院之痴妄胜宫廷之奢狂曾设想之一切。不承认自己的虚无者，乃一精神病人。信徒，众人中，乃最无意于坦诚此事者。生存意志，如此深入，令我惊怖。我拒绝一不定之我的病态引诱。我欲沉溺于我的死命里。我欲保持平常。"

（老天爷，赐我永不祈祷的能力，免我一切崇拜的疯狂，去我永远爱您的诱惑。让空虚弥漫我的心胸和您的天国！我不希望我的荒凉充斥您的临场，我不希望我的黑暗蒙昧受虐于您的光辉明智，我不希望我的西伯利亚融化于您的恒星烈日。更孤独于您，我欲我纯净的双手，不沾染您造人的泥泞，也不插手红尘的琐事。我要求，以您全能的愚蠢，尊重我的孤独和我的痛苦。您的金言，我用不了；我怕发疯而听到它们。赐予我先于最初之时刻的沉思之奇迹，赐予我您不能容忍之宁静且唆使您设一裂隙于虚无中以开时间的展览，于是我被流放于此宇宙 —— 受生而为人的凌辱和羞耻。）

忧郁症

为何你无力逃避呼吸的义务？为何再忍受此固体的空气而阻塞你的肺脏而毁灭你的肉体？何能克制无光的希望，何能战胜僵化的思想，当一次又一次，在世界的边缘，你模仿石头的孤单，或冰痰的绝缘？比一未发现的星球，你更远离的是你自己，你的器官，转向坟墓，嫉妒其活力……

割开你的静脉，血淹激怒你的树叶（书页），因为四季激怒你？可笑的企图！你的鲜血，解色以苍白的黑夜，已暂停它的运行……无法唤醒你心中的生死之欲，殆尽于岁月，永远见弃于此无以沉吟，也无以诱惑，人类饮于其的泉水。干哑之唇的早产儿，你停留在生死的喧嚣外，甚至在眼泪的喧嚣外……

（圣徒的真伟大构成于此力量——众力量中不可超越者——战胜荒谬之恐惧的力量。我们不能无耻地悲伤；他们乞灵于"眼泪的神功"，一尊荣之忧虑，在我们的"干旱"里，将我们固定为观众，让我们观看我们悲伤而压抑的无限，及不存在的泪水。但双目的功能不是看，而是泪；以真正看，当闭上眼：此乃狂喜之条件，乃独一灵象之条件，而此感觉耗尽于平庸者的，一历来已知无救者的恐怖中。

因为已预见世界之种种无用的灾难，于其人，知识只提供一天生清醒的证明，种种忧虑，阻止他哭泣，而加重其悲伤的宿命。若他以某种方式嫉妒圣徒的辉煌，与其说是嫉妒他们的形骸之厌恶，或超然之欲望，不如说是嫉妒他们战胜了荒谬之恐慌，此他无法避免，此扣留他于眼泪之超能的失礼。）

昼之诅咒

日日自言千次："世上一切皆无价值。"永恒重现于同一位置，痴痴打转如陀螺一只……因为，在虚空观里，完全无进步，也完全无结束；只要我们冒进此反复，我们的见识就丝毫不增：其现在之状态，其出发之地点，两者同等丰富而无用。此乃绝症的诊断，乃心灵的麻风，乃僵硬的启示。乃傻瓜，乃一白痴：碰到启明，安居其中，不以任何手段逃离而重现其含糊而舒适的生活，皆如此状态：发现自己，尽管是他自己，开始感到普遍的无用。见弃于他的黑夜，窒息于一缕光明，他用不了此不再结束的白日。何时此光明将停止散发它的光芒，其亡命于黑夜世界的回忆，先于万物的存在？混沌，是完美的，安稳而平和的，先于丑恶的创世，或者，更加温柔者，精神虚无的混沌！

腐败的自卫

若我们置纯洁者所作的恶于平衡的一盘,而置决断无道者所生的恶于平衡的另一盘,衡梁必倾向于前者。每一救赎案,以一断头台,反其提议者。昏世之难轻于狂世之祸;污泥惬于热血;相比美德,无行中有更多甜蜜;相比严守,放荡中有更多人气。其人,信仰及主宰,皆以虚无,乃堕落天国的模范,乃历史诠释的至尊。投机者救国生民;英雄者破家灭族。自觉不生逢于大革命和拿破仑时代,而同处一时于富歇[1]和塔列朗[2]:他们的多变缺少忧郁的补给,因此以其行动启示我们一生存的艺术。

乃荒淫时代,为此功德:裸剥生的本质,明示我们一切皆闹剧或悲剧——且无一事件值得粉饰:否则,必伤天害理。盛世,其世纪,其国王,其教皇,皆以

[1] 富歇(1759—1820),是一名法兰西政治人物,曾任拿破仑一世时期的警政部长。

[2] 塔列朗(1754—1838),法国主教、政治家和外交家,出身于古老的贵族家庭。他的职业生涯跨越路易十六、法国大革命、拿破仑帝国、波旁复辟和奥尔良王朝时期。

谎言装点……"真话"隐约于如此的瞬间，当精神遗忘建筑的谎言，任由自己道德沦丧，理想破灭，信仰解体。认知，乃看见：不是希望，也不是行动。

历史巅峰的愚蠢，可堪比者，唯其执行者的荒唐。是因为不明智，他们才会行动到底，思考到底。聪明人，厌恶悲剧，也反感封神：荣辱、庸俗，皆令其愤怒。夸张地说，此乃品味低劣的证据。唯美者视其为丑恶：鲜血、崇高和英雄……他尚唯一重视者：小丑……

化旧的世界

衰老之速度，于词语世界中，以加速之节奏，不同于物质世界者。词语，重复太多，衰弱灭亡，同时单调立物质世界之法。有必要与精神一无限的词典，但其风格受制于一些惯用而平庸的词语。因此新者，需陌生的组合，使词语担意外的职责：原创性被简化为形容词的拷问及隐喻的猥亵。置词语于其归宿：言谈之普通坟墓。一语言之成文者乃其死亡之创作者：一意中的词语乃一死亡的词语；唯其人工的用法激其新颖的活力，直至大众接受之，损害之，侮辱之。精神是造作的——否则，它就不珍贵了，而自然者慵懒于自己之永远相同的风格里。

我们所谓的生活，不同于普通的生活，乃一流行不息的创作，以人工的语言；乃废话的繁衍，而无以废话，吞没历史和物质的哈欠将使我们气绝。若人类发明种种新的物理学，不以获得一自然之有效的说明，以摆脱言定而习惯、庸俗而无救的宇宙之厌倦，便以任意分配同等数量的维度于宇宙世界，如我们投射种种形容词于一不忍视也不忍受的惰性物质，而我们的祖先或我们的近代前辈曾以他们的愚蠢视之和受之。不幸于识此骗局而逃跑者！他将践踏其活力的秘密——且他将接合两者：固定而质朴的真理与造作力枯竭的人类，后者的精神已经萎靡，因为人工。

（乃当然者，设想其时，生活将化旧作废，如明月或结核，皆亏于浪漫主义的滥情：将以剥裸的象征和暴露的弊病加冕年代的错乱；生活将重是自己：一无名望的疾病，一无荣光的宿命。乃可预见者，其时无一希望将突现于人的心灵，其时大地同人类一样是冷酷的，其时无一梦幻将美化荒凉的无垠。人类将羞于创作，当看到原生的万物。无以误解和诱骗的滋养，生活不再是一种时尚，面对精神的法庭将得不到丝毫的宽恕。但，毕竟，此精神其本身将消失：其只是虚无中的一个借口，正如生活只是虚无中的一个偏见。

历史之自存，以超越其暂时的风格，种种事件皆其魅影，一更加普遍的风格，笼罩以不变的方式；但当此不变量暴露于所有人，因一无脑的任性，当生存的谬见变成共同的善良和一致的真理，何处我们寻觅资源以产生，或甚至以草拟行动，以模拟动作？以何等的艺术存活我们英明的本能和我们清醒的心灵？以何等的神奇复活一未来的诱惑于一化旧的宇宙中？）

烂人

我不愿再合作于白日之光，也不愿再利用生之黑话。且，我将不再说："我存在。"——无以羞红。呼之无耻，吸之丑事皆系于副词之滥置……

此时间是完成的，其时人类自省，以曙光的语言；倚一贫血的物质，于己展现其真正的责任，研究自己的死亡，且冲向于它……让自己位于新时代的入口：自怜的时代。而此怜悯乃人之第二堕落，更纯洁于，也更羞耻于第一者：此乃一无救的堕落。徒劳地查看天际：成千上万的救星显然在那里，成千上万滑稽的救星，他们自己痛苦不轻。他离开，以作准备，入其成熟的灵魂，于其腐烂的甜蜜……至其暮年的最后，他摇摆于表象者和无象者之间，于存在及存在之缺席的假象之间：振荡在两种不真实间……

意识以精神占据存在之腐败所留的空虚。它使一信徒或一蠢材神志不清，以归入"真实"，它消逝于一丝怀疑的出现，于不可能的揣测，于苦恼的发作——种种预示意识的雏形，一旦发展，则孕育意识，且定义之，且激怒之。以此意识之影响，以此无药之存在的作用，人类获得其最高的特权：自尽的特权。地母的荣誉病人，人腐败她的元气；天性的抽象恶棍，他破坏她的活力。宇宙萎缩于他的触摸，时间折断于他的压迫……他能够完成自己——且滚下斜坡——只要以元素的灭亡。他的工作已经完成。他成熟，是为了消失：他的哀鸣尚能延续几世？

二手的思想者

"思想皆是忧伤的替身。"

——普鲁斯特

二手的思想者

我活在对理念的期待中；我预感之，围绕之，领会之——而不能公示之，彼脱离我，尚不属于我：我已形成之，于我缺席时？且如何，将来的及模糊的，变成现在的及清晰的，于表达之可知的剧痛中？何等状态，当我期待，于其盛开——且其衰败？

反哲学者，我痛恨所有冷淡的理念：我不是一直忧伤的，故我不是一直思想的。种种理念，我凝视之，其显于我，其更无用于种种客体；故我所爱者，唯重病者的刻苦荒唐，唯失眠者的辗转沉思，唯致命惊骇的灵光闪烁，唯经过叹息的种种疑惑。明暗的总和，一理念所含，乃唯一指示于其深度，同样其愉悦之绝望的声调，乃指示于其痴迷。多少白夜遮掩你消亡的黑夜？此乃原由，我们当谈论每一思想者。一人欲思考时，无一言于人：俯视——确切地说，旁观其思索，不负责，不参与，不成功，不失败，不冒险斗争其自己。信仰真理，无损于其。是不同的，一思想者，于其真假皆不再是迷信；所有标准的毁灭者，他观察自己，如残废者，如作诗者；他思索，以曲折：或以贫病之荣，或以疯狂之光。一次消化不良难道不思想丰富于一列概念吗？器官的紊乱引发精神的多产：不觉其身者，将永不能生一活的思想；他将徒然等待某种不利的有利意外……

情感冰冷，思想现身；可是，无一形成：乃以悲伤，呈献气氛，于其诞生。它们必须一种音调，一种色调，以震动，以发光。长期无能之创造，乃等待之，乃欲望之，不能以一形式损之。精神的"季节"调节于器官的节奏；不决于"我"，是天真，或无耻：我的真理皆是我之狂热或悲伤的诡辩。我存在，我感觉，我思考，以瞬间——而不以我。时间组成我，我徒然地反抗它们——而我存在。我的无希望的现在展开了，展开了我；不能命令之，我评论之；我思之奴隶，我与之游戏，献丑于宿命……

虚弱之益

此个体，无法超越其优秀范本的性质，完美典范的身份，且其存在混同于其生存的命运，设自己于精神之外。无伦的男性——障碍于细微的感觉——麻木于日常超然的场地，艺术取材之所。越多我们是自然的，越少我们是艺术的。同构的、无异的、混沌的活力，受崇拜于传奇的世界，于神话的幻觉。当希腊人沉于思辨，龙阳之爱换巨人崇拜；甚至英雄，他们，荷马时代的顶级蠢材，皆成为悲剧的宠儿，背负种种不容于其天然粗鄙的痛苦及怀疑。

心灵的财富生于维持自我的冲突；现在，此活力，完全掌握其自己，仅仅了解外部的争斗、客体的抵抗。此雄性，一定雌性激之，其中两趋势对抗：以其自身中的积极者，他感受到全世界的弃绝；以其自身中的专制者，他变其意志为律法。只要他的本能继续不变，他关心的只有空间；只要一隐秘的不满潜入其中，他就是一征服者。精神辩护之，解释之，宽恕之，置之于高等傻瓜的范畴，弃之于历史之好奇——现行愚蠢的研究……

其生存不构成一活跃而不明的恶者，则永不能安定在问题中，也不能理解其危险。有利条件，以求真理，或索表达，半途发现于男女之间："男性"的缺陷乃精神的枢纽……如果纯粹的雌性，我们不质疑之，以任何的性变态及心理异常，是心里更空虚于一野兽的，贞洁的男性耗尽"痴呆"之定义。察之，任何之存在，其吸引你者，或激起你热情者：其机制故障，有利于他。我们有理由蔑视这些人，其未利用自己的不足，未开发自己的无能，也未致富于自己的亏损，同样我们蔑视所有这样的人，其不忍于为人或存在。因此不能行其冒犯严重于称某人为"幸福者"，也不能为其奉承超越于予之"大悲伤"……是因为快乐无关于任何重要的行为，且除疯人外，无人发笑于独自时分。

"精神生活"，乃虚弱者的采邑，乃发抖儿的封地，是一癫痫，而无以昏倒，也无以流涎。生命正义者怀疑"深刻",不能深刻,其中看到一可疑的维度,其碍于行动的自动。他未犯错:以反省开场个人的悲剧——其辉煌与没落;绝于匿名的潮汐,于人生之功利的溪流,自脱于客观的目的。一文明是"有病"的,当虚弱者定其基调;但,惠于他们,其终克自然——且灭亡自己。精雅之极端的模范集狂热和诡辩于自身:不再依靠其自己的冲动,培养之而无以信任。此乃黄昏时代的全能虚弱,乃人类消蚀的征兆。虚弱者让我们半见此时刻,其时守门者皆力竭于审美者的顾忌;其时农业者,屈于怀疑,无力耕地;其时全人类,苦于英明,空于本性,渐渐消亡,无以力量,悔恨其幻觉的黑暗荣昌……

诗者的食客

1

不可能有成就,一诗人之人生。其力量,来于所有其未参与者,于所有食以不可及者的瞬间。他感到存在之不便？而巩固其表达的能力，满足其灵感的气息。

一传记是合法的，唯以证明一命运的弹性，其所含之变数的总和。而诗人从一严酷之无可温顺的宿命。生活注定是傻瓜的，且以弥补其未有者而发明诗人的传记……

诗歌传达人之不可把握者的本质；其最终的意义：一切"现实性"的不可能性。欢愉不是一诗意的情绪。（尽管其属于抒情世界的一方，热情与盲目，偶然集结之，为一束，于其中。）有谁从未触目一希望之歌，生一不适之感，甚至厌恶之情？如何歌颂此现在，当可能者染于一庸俗的暗影？诗歌与希望，于其两者间，完全不并立；故诗人皆受害于一炽热的解体。谁将敢于思索如何感觉生活，当通过死亡他才有生命？当他降于幸福的诱惑——他失身于此喜剧……但若相反，热情出于其伤口，而他歌颂至福——不幸之肉体的炽热——他自免于此庸俗的微妙，其固有于所有正面的音调。故荷尔德林[1]避入梦中的希腊，变形其崇拜，以更纯的陶醉，以非真的兴奋……

诗人将是一真实之可恶的叛徒，若在其逃亡中未带其不幸。相反于神秘家或贤者，诗人不能免于自己，也不能自免于其萦念的中心：他的狂喜是不治的，兆将来的灾祸。不能于自救，于他，一切都是可能的，除了他的生活……

2

我识之于此，一真正的诗人：常常接触其作品，长期生活在其作品的秘密里，一些事物变化于我，倒不是我的偏爱或我的品位，而是我的血液，仿佛一狡猾的魔鬼潜入其中，以改变其行动，其浓度，其性质。瓦雷里或斯特凡·格奥尔格[2]，他们弃我们于那里，于那里我们遇到他们，或使我们有更多苛求于精神之形

---

[1] 荷尔德林（1770—1843），是一名德国浪漫派诗人。其作品在20世纪才被重视，被认为是世界文学领域里最伟大的诗人之一。他与黑格尔和谢林曾在图宾根的新教神学院同窗，互为好友。

[2] 斯特凡·格奥尔格（1868—1933），德国诗人，翻译家。

式的层面：他们是我们非必需的天才，他们只是诗艺者。但一雪莱，一波德莱尔，一里尔克，活动在我们器官的最深处，我们的器官吸收他们，因为它渴望邪恶。靠近他们，身体强壮，而后软弱，而后崩溃。因为诗人乃毁灭的代理人，乃一病毒，乃一乔装的病害，且最严重之危险，尽管非常不明，于我们的红血球。生活在他们的区域里，将感到血液稀薄，将梦到贫血天国，将听到，血脉中，眼泪奔流……

3

而诗容一切，你可以注入眼泪，流露羞愧，灌输迷醉——尤其是抱怨，散文不容你倾诉自己或哀伤自己：其传统的抽象反感于此。散文要其他的真实：可检查的，可演绎的，可较量的。但会如何，我们窃诗歌的真理，劫它的物质，勇如诗者？为何不插入讨论中，将其下流，将其无耻，将其丑态，将其悲哀？为何不是支离而腐烂的尸体，天使，撒旦，在庸俗的语言里，且悲痛地背叛轻盈而阴沉的飞行？非哲人的学院，乃诗人的校园，我们习得思考的勇气及做我自己的胆量。他们的"主张"艳压古之辩士之最离奇放肆的说辞。无人纳之：是否存在一思想者，至波德莱尔之远，冒险制成体系，以李尔王之大怒，以哈姆雷特之独白？尼采，可能为之，先于其终，然，呜呼！他仍顽固于其先知的反复……察圣徒之一派？一些狂热，亚维拉的圣女大德兰的，或佛利诺的安杰拉（Angèle de Foligno）的……但，在她们那里，我们常常会碰到上帝，此无意义的安慰，增强她们的勇气，削弱自己的神性。漫步，无以信念，独自，真理之间，此非人也，甚至非圣徒也；而有时，诗人也。

我设想一思想者大声呼喊情绪傲慢："我乐意一诗人得命运于我思想！"但，以其希望合法，他必频频长久接触亲身，必借取诅咒的欢愉于他们，再将抽象而完美的，其衰败之形象或疯狂之想象还给诗人——尤其是他必屈膝于歌唱的入门，圣歌以灵感生存，尤其是他必悔恨于成不了诗人——不容于"眼泪的科学"，于心灵的瘟疫，于形式的狂欢，于瞬间的不朽……

……多次，我梦见一怪物，其忧郁而博识，通万国方言，精千家诗篇，密众生灵魂，且流浪于世界，以喂之种种毒物，种种狂热，种种狂喜，跨越古之波斯，消逝的印度，及濒危的欧洲——多次，我梦见一人，他是诗人的友人，他认识所有的诗人，因为绝望于自己不是其中一人。

侨人之难

出身某个不幸的部族，走上西方的道路。钟情连绵的故乡，一个也不再渴望：僵于永恒的黄昏中，世界的公民——无一世界的公民——他是无效的，无以名，也无以力。无以命运的那些民族不能给予其子孙一命运，其后代渴望他者的远方，爱恋他乡，而后消耗之，以了结自己，成为幽灵，其赞美之，其厌恶之。虚无以喜爱于家中，他们置其爱恋于他方，于他者的地盘内，于那里其热情震动侨人。过度煽情，破废感觉，欣赏赞美，首先消灭……而此侨人，自散多路，大声疾呼："我造了无数的偶像，立了太多的祭台，且自跪一群神明。现在，疲于崇拜，我耗尽了天生的疯狂。人有潜力只是因为其同类有绝对；个人，如同国家，只能发展于边界之内：我亏以越界，以使无限为一国度，以使异邦神灵为一宗教，以使自己屈服于排斥我祖先的那些世纪。我从何而来，这个我不能再说：神殿中，我存在，无以信仰；城邦中，我存在，无以热情；同人旁，我存在，无以好奇；大地上，我存在，无以信心——予我一明确的欲望，我能颠覆世界。免我于此行动的羞耻，其使我日日作复活之戏，夜夜为落葬之礼；间歇中，唯此酷刑以倦闷缠身……我梦以欲望———一切我欲之，似乎无价。如一野蛮人，苦于忧郁症，我引导自己，无以目的，无我之我，向我不知道的某个角落……以发现一失落的神明，一无神论之神，而使我安息于其末日之怀疑与最后之奇迹的暗影里。"

霸主的深忧

巴黎克拿破仑，以其承认，如一"铅的披风"：

一千万人于此丧生。乃"世纪病"的账本，当勒内[1]于马背之上，摄政名城。此病，生于十八世纪的沙龙闲情，于狂醒贵族的优柔寡断，行破坏于远方乡间：农民血偿一感性的风格，异于他们的本性，且累及他们，整整一块大陆。异常的本质，染深刻的忧思，畏惧所有的地方，而执念永恒的他乡，发觉民族的热情，唯增添坟墓的居民。此佣军首领，曾热泪于维特[2]和奥西安[3]，此将军梦的奥伯曼[4]，曾投映其空虚于宇宙，以约瑟芬[5]言，只能放松片刻，以阴谋废灭世界。有梦的霸主，乃最大的灾害，于所有的人类；后者热烈地崇拜前者，痴迷于一个个异常的计划，有害的理想，病态的野心。无一智者曾是偶像，不留一名，也不行于一事。面不改色于一精密的设想或一透明的偶像，群情激动于不可证者和伪神秘者。何人曾以严格之名

[1] 勒内，法国19世纪浪漫主义文学代表夏多布里昂同名自传体小说主人公。
[2] 维特，歌德名作《少年维特的烦恼》的主人公。
[3] 奥西安，古代爱尔兰传说的游唱诗人。
[4] 奥伯曼，德·塞南库尔小说作品《奥伯曼》中的主人公。
[5] 约瑟芬（1763—1814），拿破仑的皇后。

死？每一世代树立丰碑以前朝刽子手。确实，一些受害者甘愿成为牺牲，既然信仰于光荣，于一人的成功，于万民的失败……

人类只崇拜致命者。人民正寝寿终，其朝代必不形于历史之中，同样，贤明的君主，终蔑视于其臣仆。群体爱传奇，甚至爱吃亏，伤风败俗的丑闻构成人类好奇的阴谋和所有事件的暗流。不忠的妻子和她的丈夫供养喜剧和悲剧，甚至史诗，提供其动机之全部。老实人，既无传记，也无魅力，从《伊利亚特》至风谣民歌，唯有丑陋的光荣使人开心和惊愕。故，人类献自己于霸主，以为其食物，欲受其践踏；一国家，无暴君，无人话；一民族所犯之极恶的总和乃唯一之标志于其现在及其活力。一国家，不再强暴，是无人道；以强暴的次数显露其本性，揭示其未来。探索于此等的战争，其间一国停止实施大规模强奸：你将发现其衰败的第一象征；于此等时间，于一国，爱情成了一种仪式，床榻成了痉挛的条件，你将指明其功能残废的开始和野蛮基因的末日。

全体史：恶之史。删除灾难于人类的生成，就是设想无四季的自然。你从未合作一场灾难：你将无痕地消失。我们吸引他人，以我们散布于我们周围的厄运。"我从未伤人！"——此感叹，永恒之陌生于一血肉之生灵。当我们狂热于一人物，或目前者，或曾经者，我们自问："于多少人，他是不幸的原因？"谁敢说任何一人不渴望生杀所有同类的特权？但此特权，分于少数者，且从未完整：此限制足说明为何大地依旧人山人海。间接的杀手，我们，一群病人，一帮奴隶，面对时代的真主宰，面对成功的大罪犯。

但自我安慰：我们的后代，或近亲者，或远房者，将为我们复仇。因为，不难想象此时刻，那时人类互相残杀以厌恶彼此，那时深忧将克服他们的偏见和难言，那时他们将走上街头以血解渴，那时世代流传的毁灭之梦将是众生的现实……

音乐与怀疑论

我曾寻觅怀疑所有的艺术，于其中只发现伪装者，鬼祟者，泄露于灵感的间歇，出现于松弛的活力；但我停止寻觅之——甚至以此形式——于音乐中；它（怀疑）不可能盛开在音乐里：无知讽刺，它（音乐）诞生，不以智力的恶意，而以天真之温柔或猛烈的细腻——崇高的愚蠢，无限的无脑……智者的格言几乎没有音响的对应，乃诽谤之，称一音乐家以智者。智性削弱音乐家，无法运作于此忧郁的天演论中，于其中，如一失明的神灵，音乐家即兴创作种种宇宙。若他（音乐家）自觉其天赋、才能，他将败于自负；但他无责于此；生以神谕，他不能自知。任由庸人评说：音乐家不是音乐的批评者，正如上帝不是神学家。

非真且绝对的极限情况，无限真实的虚构，真实于此世界的谎言——一旦我们区分自己和创造，将是枯燥的或忧愁的，音乐就失其魅力，甚至巴赫，亦是一平淡的嘈杂。此乃极点于我们的不问，于我们的冰冷，于我们的沉沦。冷笑吧，在崇高里——主观原则的讽刺胜利，我们结盟于魔鬼！是疯子，不再流泪于音乐，继续存在唯以流过之泪的回忆：不孕的清醒胜过繁荣的狂喜——于其中，出现世界……

自动者

我以偏见呼吸。且我凝视思想的痉挛，当空虚微笑于自己……再无汗水于空间中，再无生命；丝毫的庸俗将使之重新显露：一秒之等待将满足此需要。

当我们感知自己存在，我们感到一惊人的疯狂，如一疯人突然发现自己的错乱，徒然思索以予之一名。日常的习惯麻木存在的惊奇：我们是（存在）——且无视（经过于外），我们重返我们的位置，入存在的疯院。

保守者，我存在，我试验存在，以模仿、尊重于游戏的规则，以憎恨于原创的奇特。自动的顺从：假装热衷，暗暗嘲讽；折腰于传统，只是以休弃之于暗中；入所有的汇编，但不入时间；拯救脸面，于当时，是迫切的，丢弃之……轻蔑一切者，当承担一完美之崇高的姿态，误导他人，欺骗自己：以此，他将更为容易地完成其伪装活人的工作。何益，暴露失利，当能够假装富裕？地狱缺席礼仪：其形象恶劣于一个说话直接且没有教养的人，其领土之构思无以丝毫迷恋于优雅文明。

我接受生活，以礼貌：永恒之反抗，以恶劣之品味，如自杀之崇高。二十岁时，我们会怒对上天和它掩盖的下流；其后，我们将厌倦于此。悲剧的姿态只适合于延长而可笑的花季，但必须千万考验以至于超然的做作。

自由于所有的习惯原则者，不具备丝毫的戏剧天赋，将是不幸的典型，理想之厄运的存在。是无用的，构建此无拘的模范：忍受生活，唯以欺骗的程度于生活。一如此的典型将是社会的突然崩溃，共同生活的"甜蜜"在于不可能任由我们动机无限。因为我们都是骗子，所以我们忍受彼此。如此者，不愿于说谎，将看到大地消失在他的脚下：我们皆以生理而受制于虚假。道德斗士无一不是幼稚的，或无用的，或伪造的；因为真正的真实是一污点，在欺诈里，在当面恭维的公序里，在背后诽谤的良俗里。若我们的同类能存照我们关于他们的观点，爱情、友情、忠诚、奉献将永远抹杀于词典；若我们有勇气怀疑自己，则无一人有颜面高呼"本人"。此场骗局，囊括众生，从洞穴原人至怀疑论者。唯表象的尊重区分我们和尸体，乃死亡以确定万物和众生的基础；持一更加可爱的虚无：我们的结构只能忍受一定量的真实……

保留于我们的最深处—高级于所有其他者的确信：生，没有意义，不可能有意义。我们应当立刻自杀，若一意外的启示以反例说服我们。空气消失，我们继续呼吸；但我们会立即窒息，若我们失去空虚的欢愉……

论忧郁

当我们不能自由，我们欣喜于毁灭自己。徒劳地求助于幽灵的主宰者，于一精确诅咒的分配者：我们，乃无疾的病人和无邪的恶棍。忧郁乃自私的梦境：再无任何客体于自我之外，也无动机于恨或于爱，而是同样的堕落于一萎靡的泥沼，同样的翻转于一不痛的苦者，同样的反复于一求死的热情……悲伤需要不幸的事件，忧郁需要空间的淫乱，需要一无限的格局，以撒播其阴郁而朦胧的优美，其没有轮廓的邪恶，忧郁，惧于痊愈，担忧一极限于其解体和起伏。自爱之最奇葩——自开于种种毒物间，取其汁液及所有其缺陷的力量。食以败之者，忧郁，下其悦耳的名称，藏失败之傲慢及自我之怜悯。

领袖欲

罗马主君，与其说是至上英明的神灵，不如说是无能治理的村长。重要者，乃发令：人类之几乎全部皆渴望于此。你双手掌握，无论是一帝国，一部落，一家族，或一奴仆，你展示你的暴君天赋，或是辉煌的，或是荒唐的：一世界或一个人以你的命令存在。故而成立，系列灾异，皆出于领袖之欲……同行者，皆暴君：人人——以其能——求奴一群或足于一个。没有人满足以自己：最低微者不绝寻求一朋友或一伴侣以衬托他的权威梦。服从者，将被从：受害者，将加害；此乃一切人的无上梦。唯乞丐与圣贤不经验之——除非他们的手段已出神入化……

权力欲使历史自新而根本保留历史自身；此欲，宗教力斗之，不过加剧之。基督教将会成功，则大地或是荒漠，或是天国。人能具有的可变形式下伏一不变的性质，一恒等的基础，其说明为何，反变化之一切表象，我们发展在一圆圈中——且为何，若我们丧失，以从于一超自然的介入，我们的怪物性和傀儡性，历史将立即消灭。

得自由者不得食。社会宽容你，只要你是奴隶和独夫；社会，乃一监狱，无以警卫——出之必死。去往何处，当你只能生活在城市中，无动物之本能，且无厚颜以行乞，也无平和的心情以沉醉于智慧？——结果，你留于其中，同于大众，弄于行动；决心于此极端，以诡计的天才，因为模仿生活比实际生活少一点荒唐。

只要人类有热情于城市，乔装的吃人主义就主宰之。政治本能乃原罪之直接后果，乃堕落之间接落实。

人人应当是自己孤独的负责人，而人人监视他者的孤冷。天使和盗匪皆有首领：为何，中间产物——人类维度——没有领主？去掉其为奴作宰的欲望：你将毁灭城市于转眼之内。猢狲的契约是永久不变的；历史从自己的行列，乌合的部族气急于罪恶和美梦的中间。无能终之：甚至，恨之者，亦参与其行动……

穷人的立场

富人与乞丐：这两类人，反对任何的变化，反对任何革新的无令。落于社会地位的两极，他们害怕一切的修例，一切的善法恶律：他们，平行地，是稳定的，一者，玉食锦衣，一者，风餐露宿。于两者间，是——无名的汗水，奠社会的基础——希望之荒唐的鼓吹者、操劳者、坚持者、培育者。国家食他们的血虚；若无他们，公民观，既无内容，也无现实，奢侈和布施更不能没有他们：富豪和流民皆穷人的食客。

若于不幸有千种疗法，则于贫穷无药可救。如何救助他们，其固不死以饥饿？上帝本身无法纠正他们的命运。暴发户和褴褛者间，往来体面的饿殍，剥削于豪门和布衣，洗劫于他们，其厌恶于劳作，安身，或以其机会，或以其职业，于沙龙中，或街道上。是因此，人类进步：以一些富人，以一些乞丐——以一切它的穷人……

没落的面相

"没落者的消沉在我的眼睑上永恒。"

——霍夫曼斯塔尔

文明始衰落于此刻，当时生活将是其唯一的执念。顶峰期育种种价值于其自己：生活乃唯一手段，于实现之；个体不知道自己是活的，他活着——幸福之奴隶，于其创造之，关照之，崇拜之种种形式。情绪支配之，充实之。无创作无以"情感"资源，此资源是有限的；而于此人，其自觉富甲天下，此资源似是不尽的：此幻觉生出历史。颓废中，情感的枯竭只允许两种模式以感觉和理解：感觉和理念。此刻，乃以情感，我们浸入价值的世界，投射活力于种种类别和标准。一文明之活力，于其丰饶时期，在于取种种理念于抽象的虚无，化种种概念为神奇的传说。此道，从无名的个体至自知的个体，是尚未完成的，但是不可避免的。审判之：希腊中，从荷马至辩家；罗马中，从清苦的共和古代至帝国的"英明睿智"；现代中，从基督教堂到花边装饰。

一民族不可能创新以无限定。它必须赋予形式和意义于一些价值，这些价值同与出产它们的灵魂一同衰竭。公民自觉于生产的催眠；清醒开始称王：群众不过掌握空虚的范畴。神话变回概念：这就是没落。结果显然：个体愿活，换生活为目的，升自己为小例外之一员。这些例外的总结，合成一文明的缺陷，预兆其消灭。人人至于精致——但不正是愚人的辐射成就了盛世的杰作？

孟德斯鸠曾断言，于罗马帝国的晚期，其军队组成唯以骑兵。但他疏于指明我们此原因。设想一骑兵，厌倦荣耀、财富、荒淫于历经无数的地方，失去信仰与力量于接触无数的神庙和恶俗，设想之，以步行！他作为步兵征服过世界，他作为骑兵将失去世界。每一萎靡里自显一生理的无能于继续附和城市的神话。自由的士兵与清醒的公民皆屈服于蛮人。生命的发现毁灭了生活。

当一民族全体，以不同的程度，守候罕见感，当它以品味的敏锐，复杂自己的反应，它已至于最后的卓越。没落只是本能之污染于意识的行动。所以我们不能于一集体的存在中高估美食的重要性。自觉行动于饕餮乃一亚历山大现象，野蛮人自足。知识的和宗教的折中，感官的灵敏、唯美，及精通美味佳肴的执念，皆同一精神的不同标志。卡比乌斯·阿比修斯[1]旅行于非洲沿岸以求当地龙虾，但不定居任何一处，因为无合于其胃口，他乃同代者于那些不安的灵魂，他们崇拜大量的异神，既无满足，也无安慰。罕见感——各种神，同一枯燥之，同一好奇之，其无内在力，平行果实。基督教问世：独尊上帝——且斋戒禁食。一平庸的时代，也是至高的时代，开始……

一族，死亡于当时，再无力发明其他的神灵，其他的神话，其他的荒唐；其偶像皆失血而亡；求之于他处，感到孤独，相对那些未知的怪物。此亦是没落。但若怪物之一成为上者，另一世界开始动摇，变得粗俗、黑暗、偏执，直至累死它的神且自由于它的神；因为人类是自由的——且不育的——唯于诸神灭亡的

---

[1] 卡比乌斯·阿比修斯，提比略统治时期的一位公认的美食家，著有与烹饪相关的作品。

间歇；是奴才，也是神才，唯于此时——暴君，繁荣昌盛。

思其感觉——知其饕餮——此乃意识的呈现，以此一基本的行动超越其临时的目的。除知识的恶心外，自发另一者，其更深且更恶：始于五脏，终于形式最严重的虚无主义，饱足之虚无主义。思考之最苦涩者以其效果，不可堪比于继后豪门盛宴的妄想。每一餐，超过时限，一些分钟，超过必需，几道菜肴，解体我们的确信。烹饪泛滥与饮食无度毁灭帝国残忍于东方密教和"消化不良"的希腊学说。体验一真正的怀疑论的颤栗只能围着一桌大餐。"天国"必呈现自己，如一诱惑，于暴食之后，或如一美妙堕落的惊喜，在消化的单调中。饿殍求于宗教中一救赎的道；过饱，一剧毒的药。救以病毒，且不分祈祷和邪恶，逃离世界，且沉溺其中，以同一行动……此乃亚历山大主义之苦涩的全部。

有一递减的充实于每一烂熟的文明里。种种本能屈服温顺；快乐扩增，不再相称其生理的功能；快感本身成了目的，快感延长成了艺术，高潮的魔术成了技术，性爱的活动成了科学。民间手段及书本灵感以增加欲望的导管，痛苦的想象以变化享乐的开场，精神亲身介入一异于其天性且不该占据的区域——等同于血液之枯竭的症状和肉体之变态的理智。被视为仪式的爱使智慧成为愚人帝国的主宰。自主活动皆苦于此；受制，它们失去耐心于开启不可言的身体扭曲；神经成为痛苦的剧场，上演英明的颤栗，感觉最后延展至其原始期限之外，以文雅快感之双人拷问术。此乃欺骗物种的个体，此乃太温和以麻醉精神的，此乃冷却于且稀薄于理念的血液，此乃理性的血液……

本能消磨于对话……

于对话，从未出不朽者、惊人者、"伟大"者。若人类消遣以讨论自己的力量，就不会超越荷马的观点和典范。但辩论术，以破坏反应的自发和神话的自然，折英雄为松动的榜样。今日的阿喀琉斯[1]不止一踵之忧……弱点，以前是局部的且无结果的，现在成了受诅咒的特权，每一存在（人）的本质。意识深入处处，甚至于骨髓中立足；因此人类不再活在存在中，而活在存在的理论中……

清醒的自知、自诠、自辩，且自主行动者，永远不会做出难忘的姿态。心理学，英雄冢。信仰和争论，数度千年，衰退肌肉，松弛决心，淡化冒险的冲动。如何不轻蔑光荣的事业？一行动，若不主于精神之光明的诅咒，则代表祖先愚昧的幸存。意识形态之发明，唯以光辉增添数代横行之至深野蛮，唯以掩盖人类共有之谋杀癖性。不以无端，今日谋杀；不敢为之，本性自发；故而甚至，刽子手不得不求于动机，而英雄豪情皆为废气，感到其诱惑者，与其说解决了一个问题，不如说完成了一次牺牲。抽象已渗入生死之中，"情结"占据小小大大。从《伊利亚特》至精神

---

[1] 阿喀琉斯，是古希腊神话和文学中的英雄人物，参与了特洛伊战争，被称为"希腊第一勇士"。

病理——此乃人类之全部路……

于开始衰落的那些文明中，黄昏乃一高贵惩罚的象征。何等的讽刺之喜乐，应当他们感受，以见自己斥于未来变化之外，定之后数百年间种种权力之规则及品位之标准！及其每一，世界绝息。最后之希腊人的感觉，最后之罗马人的感觉！何能不钟情那伟大的落日！围绕一文明的末日魅力，及后所有问题，非常扭曲它们，呈现更多之诱惑于未损之无知，其开始之所在。

每一文明形象回应于宇宙之提问，但神秘仍是未破的——别的文明，以新的好奇，来这里冒险，同样之徒劳，其每一不过是一误会体系……

至极，我们分娩价值；至昏，且废且败，我们清除之。没落的魅惑——发自真理的失活……其堆积，如百骸，于忧郁而枯燥的灵魂中，于梦的尸骨场。

非常宝贵，于我而言，此亚历山大城的哲人，名以奥林皮乌斯，其听闻一声吟咏圣歌哈利路亚于神庙塞拉皮斯，便自我流亡，永不回归！乃近四世纪之末：十字架之阴森的愚昧已投射其阴暗于精神。

近同一时期，一语法学家，帕拉扎斯[1]，可能写过："我们，希腊人，我们皆不过是灰烬。我们的希望皆于地下，如同死者的希望。"其乃真理，于当时之所有智者。

徒劳，赛尔修斯[2]们，波菲利[3]们，叛教者尤利安[4]们，坚持，于阻止溢出于墓穴之阴云的崇高之入侵：基督之使徒留其伤痕于人类的灵魂且增加灾祸于四方的城市。大恶之世从此开始：一劣质的歇斯底里蔓延世上。圣保罗——万世之最注目的选举干事——已成其周游，以其书信，入侵古之黄昏的清明。一癫痫克五个世纪的哲学！理性没收于教会神父！

[1] 帕拉扎斯，公元 4 世纪希腊诗人。

[2] 赛尔修斯，公元 2 世纪希腊新柏拉图学派哲学家。

[3] 波菲利，是在罗马统治期间出生在泰尔的新柏拉图哲学家。

[4] 尤利安（331—363），君士坦丁王朝罗马皇帝（361—363），在位期间努力推动多项行政改革，是罗马帝国最后一位信仰多神教的皇帝。

即便我搜索最禁欲的时代以精神的傲慢，即便我浏览偏执的清单，我之发现皆无可比于 529 年，当时，以查士丁尼[1]的命令，雅典学院，封门绝户。没落之权利，官家之废弃，信教成了义务……此乃最悲痛之时刻于怀疑之历史。

当一民族无有任何偏见于其血液之中，其唯一的资源乃自解的意愿。模仿音乐，此解体的训练，告别于激情，于滥情，于伤情，于痴情。此后，它不再膜拜，无以讽刺：距离感将永远是它的命运。

偏见，乃一器官的真理，其本身是虚假的，但代代积累，世世相传：我们不可能摆脱之无以报应。弃偏见，以无忌，此民族，接连否定自己，直至无可否定。一集体之期限稳定与其偏见之期限稳定一致。东方民族受其长久于自我之忠实：几乎无进，从未自反；他们从未感到生活乃设计于节奏加速的那些文明，唯

---

[1] 查士丁尼（483—565），是古罗马时代末期最重要的一位统治者，他的统治期一般被看作是罗马帝国历史从古典时期迈向中古世纪的重要过渡期。

独这些文明受关注于历史：因为，研朝气的晨曦，究喘息的末日，历史，乃一浪漫，自命严格，取它的素材于血的档案……

亚历山大文明乃文化否定的时期，乃无用而不受的风格，乃博学与讽刺的散步以越过价值的混淆和信仰的错乱。其理想的空间将在希腊和昔日之巴黎的交汇点，在城邦和沙龙的相遇处。一文明之演变，从农业至反常。于此两极间，发动野蛮的和神经的斗争：创新时期，无常平衡，由此产生。此斗争接近其尾声：所有的前景步步展开，无任何能激发一既乏力又活跃的好奇。于此时此刻，醒悟的个体欢笑在空虚之中。于此情此景，知识的血魔狂饮种种文明的腐败血液。

须对历史以严肃，或助之以观众？视之一努力于一目的，或无需灿烂，也无端暗淡的一光明的庆典？此回应决于我们的人类梦之程度，以我们的好奇心于猜测华尔兹与屠宰室之混合的解散方式，其混合，且组成，且促进，人类之发展。

此乃一悲观主义，一世纪邪恶，但只是一代人的疾病；是另一疾病，其脱离于所有的历史经验，其必要于未来的时间，作为唯一的结论。此乃"灵魂的模糊"，乃"世界末日"的忧郁。万物皆变形，甚至恒星，万物皆衰老，甚至厄运……

不能于修辞，我们皆是清晰之失望的浪漫家。于今日，维特、曼弗雷德[1]、勒内皆熟悉自己的疾病，炫耀之，以无华。生物学、生理学、心理学——皆滑稽的名词，废我们绝望中的天真，引分析入我们的歌唱，使我们蔑视夸张！规训以论文，我们的博学之苦解说我们的羞耻且分类我们的疯狂。

当我们的意识终于高悬我们的秘密，当神秘之最后的遗迹排出于我们的不幸，我们还会有狂热及兴奋的残余以凝视存在与诗歌的废墟吗？

承受历史的重量，承担未来的责任，意识屈服于

---

[1] 曼弗雷德，为英国作家拜伦的作品《曼弗雷德》中的主角。

此消沉，当时它考虑已经的或可能的事件之总量及其无用……怀旧徒然求助于一无知的冲动，其无知于曾存在之一切所得出的教训；存在一倦怠，于其，未来本身乃一墓地，一潜在的墓地，如同期待存在的一切。世纪变重而压迫瞬间——我们腐朽于一切年代，我们腐败于一切帝国。我们的疲惫训诂历史，我们的喘息使我等听见民族的哀鸣。萎黄的演员，我们准备自己以扮演充数的角色于平常的时代中：天幕蛀空，过其孔洞，所见不过面具魅惑……

意识没落者而欲反对，乃其错误，当支持之：以自大，败自尽，而许其他形式之来临。真正的预报者不是他，提出一体系，时无人欲之，而是他，加速混乱，代理之，谄媚之。庸俗者宣扬种种教条于力竭年代，时未来之一切梦皆似疯狂或欺诈。前往历史的末日，以衣领别花——唯一庄重之穿着，于时间的展开中。何等之遗憾，不存在末日的审判，就没有机会于伟大的挑衅！信徒们：永恒之蹩脚的演员；信仰：永恒之舞台的欲望……但我们，非信徒，死亡以我们的布景，太累于欺骗自己以承诺于我们尸体的奢华……

于埃克哈特[1]，神性先于上帝，乃其本质，乃其基础，深不可测。何等发现，于人类最深处，其定义人之实体，对立于神之本质？乃神经衰弱；其乃人之存在，正如神性乃神之存在。

我们生活在一衰绝的气候里：创造、制造、伪造，显著于自身少于显著于空虚，于其后的堕落。我们的努力必然折损，上帝的本质无穷无尽，其位于我们的概念场之外，于我们的感觉场之外——人类诞生，命以劳身：用直立的姿势，退支撑的可能，强加自己之种种伤神未知于类人。支以双腿，诸多体质，及相关之一切恶心！世世代代积累疲劳而流传辛苦；祖祖辈辈遗传我们一贫血的基因，一泄气的含蓄，一解体的精力，一灭亡的能量，其将强于我们的生存本能。乃以此方式，习惯于消失，支持以我们的疲资，许

---
[1] 埃克哈特，是一位德国神学家、哲学家和神秘主义者。

我们坐实，于累赘的肉体中，神经衰弱——我们的本质……

无需信仰一真理以支持之，也无需爱一时代以捍卫之，每一公理皆可证明，每一事件皆能合法。现象的合集——精神的产物或时间的果实，无以区别——皆能被接受或拒绝，以我们瞬间的心情；其根据，或出于我们的严格，或出于我们的任性，皆差不多。皆可辩护——从最荒唐的假设到最恐怖的犯罪。思想的历史，如行动的历史，开展在一疯狂的气候中：谁能以诚意于其中发现一仲裁者以决断此等贫血猩猩或嗜血猿猴的种种纷争？此大地，乃此界，于其中，我们能以同等的真实性肯定一切：公理和妄想，于其中，可互换；冲动与消沉，于其中，不可分；高尚与卑鄙，于其中，同运动。指示我，一案例，以证明，于其中，无可得。真理之资格，地狱律师不逊于天国辩士——我辩护于智者的公案及疯人的权益以同等的疯狂。时间打击所有的自发者和行动者：一观念或一事件，实现、成形、解体。因此，当存在的群体开始动摇，历史从中产生，及其唯一纯粹的欲望，其所激发者：其实现之，以一方式，或另一方式。

太成熟，于欲望其他的开端，太世故，于欲望新的世纪，我们只能打滚在文明的残渣里。时代的进步只会诱惑那些办事不牢者和迷信狂热者。

我们，伟大的衰人，疲于古人之梦，永无能于乌托邦。我们，疲劳的技人，未来的掘墓人，恐惧于古老亚当的种种化身。生命树将不再知春：成了枯木；我们将之做成棺材，因为我们的尸骨，因为我们的梦想，因为我们的痛苦。我们的肉体继承此传播千年之明媚尸体的恶臭。其光荣，慑我们：我们，尽之。于精神的墓地中，安息，种种公理和种种公式：美是定义的，葬于其中。相似之，真、善、知、神。皆腐朽于其中。（历史：框架也，大写字母解体于其中，及其设想者，其依恋者。）

……我散步于那里。真理，于此十字架下，眠其最后之眠；其侧，魅力；远一点，严格，棺盖下，谵妄和假设，棺盖上，绝对的陵墓：其中，灵魂之虚假的慰藉和骗人的巅峰。但，更高处，沉默之围绕，错误之笼罩——止地狱辩士的脚步。

由于人类之存在乃最非凡且奇特的自然之冒险，乃不可避免者，也是最简短者；其结果是可预见的且合愿望的：无限延长之，将是无礼的。入其例外的风险，此爱好悖论的动物，将继续博弈数世纪，甚至数千年，其最后的纸牌。该遗憾于此吗？乃显而易见者，他将永不配其过去的荣光，毫无预兆，其可能性将有一天引发一挑战于巴赫或莎翁。没落显露，其第一地点，乃艺术世界："文明"幸存一定时间，以解体的状态。此乃人的存在：继续其勇猛，但其精力将耗竭，同样者，其灵气。权力欲及主宰欲深深占据其灵活：当他是一切的主人，他不再是其末日的主人。尚不是毁灭及自毁之一切手段的掌握者，他不会立即灭亡；但，乃必然者，他会制造一彻底灭绝的工具，先于发现一万能的解药，况且其不似是一自然的可能性。他将自毁，因为作者：能够结论，一切人类，将绝于地球？不应该看玫瑰色的东西。大部分，幸存者，将苟延，亚人的种族，天启的看客……

迷失自己，人之可以。其征服之本能，其分析之天性，扩张其帝国，以解体于其中所见者；其加于生者，皆反对生。隶于其创作，其乃——作为作者——恶之一代理。于能工博士——于下虫上帝，其乃现实。人类，曾有可能延续于萧条中，延长其寿命，若其组成仅以野人及怀疑论者；但，钟情于效率，其拔擢此辈，气急而奋进者，注定毁灭，以劳作过度，以好奇泛滥。渴望自己的灰飞烟灭，筹备自己的末日，终日为此。故而，更近于其落幕，相比于其开场，于其后人，只留面对天启之清醒的狂热……

想象力轻易设计一未来，于其中人类齐声大喊："我们皆末者：厌倦于未来，更加厌倦于我们自己，不仅压榨大地的汁液，且劫掠上帝的天国。物质及精神皆不能再滋养我们的梦境：此世界是干枯的，是无情的，同样于我们心灵。增实体，无一地：我们的先人留于我们其破烂的灵魂和蛀空的骨髓。冒险终结；意识气绝；我们的歌声消失了；那光，是死亡的太阳！

　　若，以偶然或以神奇，词语烟消云散，我们将陷入一不可忍受的苦恼和不可接受的迟钝。此突然的沉默置我们于最残酷的折磨。乃概念之用，使我们作主我们的恐慌。我们说：死亡——此抽象的概念免我们感到其无限及其恐怖。我们，以命名事物事件，逃离于不可诠者：精神的活动乃有益的作弊，一剽窃的练习；准许我们流行于一柔和的，舒适的，不真的现实中。习惯于操作概念——忽忘于凝视事物……思想射一流亡的光；引发语言的浮夸。但当时你返回自我，独立一人——无以词语的陪伴——再见不美的世界，不恶的客体，不文的事件：何借勇气，以对抗之？你不再思辨死亡，你就是死亡；不增光生命，而予之目的，去其华丽，还其正义：一婉辞，于邪恶。雄辞：命运、厄运、灾难，皆丧其光；故而我们感到人类搏斗于其缺陷的器官，败以一僵硬而衰竭的身体。废除其谎称不幸的能力，使之凝视此言的基底：他不能坚持哪怕一秒他的不幸。是抽象，种种音响，无以内容，挥霍夸张，阻止他沉没，而不是宗教，也不是本能。

当时，亚当放于天国，非声讨恶君，而情于名物：此乃唯一方式，以和解之，以忘却之——唯心主义之基础乃立。此于第一口吃者乃一防御之姿态，且一自卫之反应，而于柏拉图、康德、黑格尔，已是理论。

以不强调我们的不幸，我们甚至将我们的名化为实体：如何死去，当时我们自称彼得或保罗？每一人，宁关注于其名之不变的表象，而不关心于其存在的脆弱，溺于一不死的幻象；若此关节消失，我们将彻底孤独；结合沉默的神秘者已抛弃其造物的身份。设想之，此外，无以信——此虚无的神秘者——我们，头戴人间冒险的灾难冠冕。

……是非常自然的，设想人类，倦于词语，终于轮回，更名万物，火海身名，灰烬希望。我们，所有人，走向此最后的榜样，向那无声无蔽的人……

我感到生命的沧桑，感到其衰老，感到其没落。

经过无数的时代，生命，运行在地表的表面，以不朽之假象的无力之神奇；生命，尚落后，以时间的风湿，以此时间，更老于它者，疲惫于一老朽的疯病，于其瞬息的重复，于其琐碎的寿命。

且我感到物种之全部的重力，且我承受物种之全部的孤独。它为何不消失！——但它的末日被延长向一腐烂的永恒。毁灭我的自由，我留之于每一瞬息：不羞耻，以呼吸，皆无赖。无契约与生命，无契约与死亡：已不会生存，我同意忘了自己。成长——罪恶！

经过所有的肺脏，空气不再更新。今日唾弃明日，我徒劳地设想一唯一之欲望的形象。一切皆责于我：精疲力竭，如一头负重物质的牲口，我背负宇宙星球。

给我一个不同的世界——否则我撑不下去。

我所爱者，唯万物的兴亡，唯生之且灭之的火光。世界之期使我怒愤；而其聚散使我兴奋。活着，以贞洁太阳和衰老太阳的魅力；耗尽时间的脉动，以获原始者和终极者……设想星座的即兴，设想它们的精雅；

蔑视存在的例行，冲向两个威胁存在的深渊；力竭于其瞬间的开始，于其瞬间的结束……

……如此，人发现，于自我中，野蛮者和没落者，其共存，注定且矛盾：两个角色受相同之道的吸引，一者，从虚无到世界，另一者从世界到虚无：其乃一双倍的、形上的欲望。此欲望表现，历史上，于亚当的萦念中，放于天国，弃于大地：两个极端，人之不能。

以内在的"深刻者"，我们于万恶皆是目标：不存在救赎，只要我们保持一致于我们的存在。某些东西必须消失于我们的构成，祸乱的源泉必须枯竭；这是唯一的出路：废除灵魂，废除其渴望，废除其深渊；我们的梦想皆污于我们的灵魂；必须除之，及其"深刻欲"，及其"内生力"，及其格外的反常。精神和感觉满足我们；其合作将产生不育学，使我们免于狂喜和痛苦。让"感情"不再扰乱我们，让"灵魂"成为最荒唐的古董……

神圣与绝对的鬼脸

"是的，以事实，于我似是

群魔戏珠，与我灵魂……"

——圣女大德兰

生育拒绝

用尽其自己的欲望者，将近一无限的超然，不愿再传代；他，厌恶永存，以一他者之身，于他，再者，已无可传人；人，惊乱之；他，一怪物——怪物不会繁殖。爱，尚迷之：荒唐于其思想的中间。于其中，他求一借口，以复活一普通的状态；但孩子于他似是不可思议的，如同家庭，如同遗传，如同自然的法则。无以职业，也无以后人，他完成——最后的实体——自己的结论。无论何等远离生育，也超越不了另一勇猛的怪物：圣徒——一楷模，令人着迷，也令人厌恶，比之，我们永远在中途，在错误的位置。他的位置，至少是明确的：更多的游戏，更多的爱好。至于其厌恶的黄金巅峰，于创世的对立极点，他将他的虚无做成一个光环。自然从未有一如此的灾害：以繁衍的视角，他指示一绝对的终结，一根本的解决。如莱昂·布洛伊[1]那样感到忧伤，因为我们都不是圣徒，皆渴望人类的灭亡……以信仰的名义！另一方面，魔鬼表现多么积极，因为，它务于败坏我们，劳于——不顾自己，背其本性——保存我们！根除罪孽：生命枯萎，突然而来。生育的痴狂将消失于某日——不以疲倦，而以圣洁。人类将耗竭，少以求完美，多以是浪费；那时，他将相似于一虚的圣徒，且他将相同于此完美且不孕的典范，远离于自然的生育。

人类生息唯以保持忠诚于总体的命运。或近地魔之恶，或近天使之善，他，都将是不育，或流产者。于拉斯柯尔尼科夫，于伊凡·卡拉马佐夫或斯塔夫罗金而言，爱情只是一借口，以加速他们的灭亡；于基里洛夫，此借口消失了：他不再与人类较量，而和上帝为敌。至于白痴或阿辽沙，一者装扮着耶稣，一者演绎着天使，此事实，置他们，一开始，于阳痿的群

---

[1] 莱昂·布洛伊（1846—1917），法国作家，信奉天主教，提倡社会改革。

众[1]……

但，自拔于存在的锁链，且拒绝祖先或后裔的观念，都不可能同美于圣徒，因为圣徒的傲慢超越一切尘世的维度。以结果，于其放弃一切之决心下，于此无量谦虚之功德下，伏一着魔的兴奋：原点，神圣之开始，以公开挑战的姿态，对于人类——于此后，圣徒登完美的阶梯，开始"谈情说爱"，开始广播上帝，面向草民，困惑群众——骚扰我们。仍是，他挑战我们……

厌恶于"人类"及其"天赋"，使你同类于凶徒、疯子、天主，于所有大不孕者。至孤独之一定程度，必停止爱慕，不犯交配之迷人卑污。欲延续自己，以一切代价者，几无别于犬：彼仍是自然者；彼决不会懂得我们能臣服本能的帝国，也能反抗之，乐于人类

---

[1] 这一段中的人名均为陀思妥耶夫斯基作品中的人物。拉斯柯尔尼科夫是《罪与罚》的主角，伊凡·卡拉马佐夫和阿辽沙分别是《卡拉马佐夫兄弟》中的次子与三子，斯塔夫罗金与基里洛夫都出现于《群魔》中。

的优势，又蔑视之：种族的末日——欲望的末日……此乃其冲突，且爱且恨女性，大不决于彼所兴之吸引恶心者。故——不至于完全否定此物种——化解此冲突于做梦，于丰胸之上，于大漠之中，以混合修院的芬芳和油汗的恶臭。肉体的不忠使之更近于圣徒……

恨之孤独……神之感觉，转向毁灭，践踏世界，诽谤苍穹，污蔑星空……疯狂错乱，无德病态——创世者喷出，遍及空间，天堂与茅厕；震颤谵妄的宇宙学说；痉挛至极，怨恨加冕元素……造物们冲向一丑陋的原型，追求一畸形的典范……鬼脸的宇宙，鼹鼠的欢庆，鬣狗的狂喜，虱子的高兴……还有前景，只是于怪物和害虫。一切正在变态，一切正在溃烂：地球化脓，众生炫耀伤口，以闪亮的梅毒之光……

圣徒传记审美者

此非一祥瑞，萦绕于圣徒的存在。混入此萦念，一疾病欲，一堕落欲。你不忧于圣徒，除非你失望于大地的悖论；于是，你寻求他者，一更加离奇的内涵，其芬芳四溢，满以未知的真理；于是，你盼望那些不可得于日常兴奋的疯狂，那些具有天国异味的疯狂——于是，你犯于圣徒，于其态度，于其鲁莽，于其世界。奇观也！于是，你相许一生悬命于此，以验之以一情欲的牺牲，以自拔于其他的诱惑，因为最终你遇见了真理，遇到了奇闻。看，审美者将是圣徒记者，转向一渊博的朝圣……他投入其中，无以怀疑，而此乃一漫步，此世界中之一切皆是欺骗，甚至神圣……

圣女门下走狗

有一时间，唯念一圣女之名，便使我喜悦充盈。我嫉妒修院的史官，渴望癔症的秘密，其不可言说，且明亮许多，苍白许多。我曾以为，圣女秘书乃审慎职业之最高者，命之于一凡夫。且曾设想忏悔师的角色，于那些热情的真福者，及一切细节，一切秘密，阿尔瓦斯特拉的皮埃尔（Pierre d'Alvastra）隐之于圣布里吉特（sainte Brigitte），阿莱的亨利（Henri de Halle）隐之于马格德堡的梅希蒂尔德（Mechtilde de Magdebourg），卡普亚的雷蒙德（Raymond de Capoue）隐之于锡耶纳的凯瑟琳（Catherine de Sienne），阿诺兄弟隐之于佛利诺的安杰拉，马林韦尔德的约翰（Jean de Marienwerder）隐之于蒙托的多萝西娅（Dorothée de Montau），布伦塔诺隐之于凯瑟琳·埃梅里希（Catherine Emmerich）……我曾觉得阿德马里的圣女狄奥德塔（Diodata degli Ademari）或安多罗的圣女黛安娜（Diana degil Andalo）或普通人，唯以其名望，便可升入天堂：她们给予我另一世界之性感味道。

当时我回想其磨难，利马的罗莎（Rose de Lima），斯希丹的利德维纳（Lydwine de Schiedam），里奇的加大利纳（Catherine de Ricci），及众多他者，当时我想到其自残的优雅，想到其自伤的手法，想到此自愿之践踏于其女性的魅力，于其天生的丽质——我憎恨其痛苦的食客，未婚之夫婿，无耻贪色的神界唐璜，得其心灵之先占权。疲倦于失恋的叹息和情爱的汗水，我转向她们，即便只是因为其追求于爱之另一模式。

"哪怕只有一点，我所感到的爱，"热那亚的凯瑟琳（Catherine de Gênes）曾言，"滴入地狱，将立变之为天堂。"我期待此点滴的坠落，希望我将是它的终点……

反反复复，自言自语，大德兰之惊呼，我看见六岁的她大喊："永恒，永恒！"此后我注视其欲望的演进，其火灾的发展，其旱灾的情况。私之启示，最是诱人，其混乱教条，困惑庙堂（l'Eglise）……我愿保守这些暧昧供词的日记，陶醉于此可疑怀旧的全部……快感的巅峰不在于床榻的深渊：以月下销魂如何觅得超拔极乐？圣女秘密的性质，乃贝尼尼使我们知之，以罗马雕塑，西班牙圣女引我们诸多思考于其失灵的模棱……

每当我再思于此：我不得不怀疑激情的极端，怀疑最混浊也最纯净的抖颤，及此类之意识消散，其时黑夜自燃，其时星星之草化入欢声，融进吼叫——瞬间的、热烈的、响亮的永恒，如此者构思于一快乐而疯癫的神——每当我再思于此一切，一名字，萦绕我：

亚维拉的大德兰——其真言之一，我日日复之："言莫以人，而以天使。"

我生活多年以圣女之影，不相信诗人、贤人、愚人堪比之。以虔诚于之，我耗尽能力于崇拜之，尽活力于欲望之，尽心力于梦想之。此后……我断爱之。

智慧与神性

于所有大病者中，乃圣徒，最精明于获益其疾病者。本质自由，天性无度，他们，用其失衡，以敏捷，以暴烈。救主，其模范，一野心的前鉴，一鲁莽的教训，一无敌的强人：其暗示的力量，其同一与灵魂之残缺不全的能力，许之立一统治，刀剑从未梦焉。以之为理想者，效法其技艺，有序之偏激。

而贤者，蔑视大悲大喜，自觉同等距离于圣徒和浪子，无视浪漫，自作一醒悟的平衡，一无欲的平静——帕斯卡，一圣徒，无气质，不折中：疾病使他略多于一个贤者，略少于一个圣徒。以此解释后继其虔诚的犹豫不决和怀疑阴影。一无药可医的美丽心灵……

贤者观点，圣徒莫不纯洁焉；后者认为，贤人莫空虚焉。此乃其全部之差别，于理解者和希望者间。

女性与绝对

"我主言于我时，我凝视其绝美，我看到其嘴唇崇高神圣，其言说温柔，有时严厉。我曾有一极度的欲望于知晓其眼睛的色彩，以能传之：我从未当知之。一切努力于此乃完全之无用。"（圣女大德兰）

其眼睛的颜色……女性圣徒之不贞！带入天国，其性别的不慎，以能安慰补偿所有此者——尤其是，她们——皆留于神圣冒险之外者。第一人，第一女人：此乃堕落之永恒的根本，无可救赎，或天才，或圣徒。有否一新的人类，全高于其旧的存在？于耶稣自己，变容可能仅指一短事件，一轻阶段……

圣女大德兰，其他女性，两者间只有一差别于疯狂的力量，一强度的问题，一任性的方向。爱——或人者，或神者——齐万物：爱娼妇，或天主，皆假定一同一的运动：两种情况，从一种造物的冲动。唯对象变动；但何益提供，当其只是一借口于崇拜的欲望，当上帝只是一出路于所有他者中？

西班牙

每一民族，以其未来，以其方式，翻译神的属性；而此热情，于西班牙，仍是无比；若其分享于世界其余，上帝将筋疲力尽，一文不名，空虚为零。乃以不灭，而于其国，祂繁殖——以自卫——无神论。畏于己所发之火，祂反其子孙，反彼狂热，以免衰弱；彼之爱削减其力量，动摇其权威；唯有不信使之完全；不是怀疑，废上帝者，而是相信。数百年来，其魅力琐碎于教会，而通于社会，其死亡，其临终，备于教堂，惠于神学，无以奥秘，皆有详解：不堪于众多祈祷，何堪于众多的论说？祂害怕西班牙同样于祂害怕俄罗斯：祂繁殖无神论者于两地。彼之攻击至少使其尚存幻觉于万能：此总是一得救的象征！但其信者！陀思妥耶夫斯基，埃尔·格列柯：其敌有狂焉？其如何不偏爱波德莱尔于十字架的约翰？祂害怕其观看者，也害怕其观看之所以者。

一切神圣，或多或少，乃西班牙者：若上帝只有一眼，西班牙将为其一目。

瘾于永恒

我们认为我们可以有上十字架之爱好，但日日重现受难之故事——乃奇葩非常，荒谬非常，愚蠢非常。因为最终，救世之主，若我们滥用其威望，枯燥无聊，如同凡人。

圣者，男本恶，女本淫。两者——皆疯于同一思想——化十字架为邪念。"深刻"乃其维度，不能更其思考，换其欲望，探索快乐痛苦之同一区域。

专注于瞬间的潮流，我们不能接受一绝对的事件：基督耶稣不会二分历史，十字架流行无损时间正义。宗教思想——强迫思想之一——窃一临时部分于时间全体且予之无限绝对之一切属性。乃此方式，诸神其后，皆为可能……

人生者，我迷恋之逆旅也：一切者我拔于无动于衷，我几乎立刻归于无动于衷。此者非圣徒之为：彼决定，以彻底。我活着，以自脱于我所爱恋者；彼活着，以迷恋于唯一之目的；我品味永恒，他们自溺其中。

世间之奇迹 —— 且以更强的理由，天国之奇迹——皆由于一持久的歇斯底里。神圣：乃心灵之地震，乃毁灭以信仰，乃宗教狂热之最高表现，乃超验的畸形……光照者、纯朴者、怀疑者，前两者有更多呼应于第一者和第三者。此乃全部之差距，其别信仰于知识以绝望，区之于存在以无果。

傲慢的阶段

偶然，以常入圣徒的疯狂，你会忘记你的局限，你的锁链，你的负担，且你会呼喊："我者，世界之灵魂也；绘此宇宙，以我热烈。从今以后，将无黑夜：我已预备，群星之永宴；大日多余：万物丕显，磐石轻于天使的羽翼。"

之后，于狂热与沉思间："若我不是此灵魂，至少我愿望是它。我未予我名于万物？万物，从粪便到天堂，皆告诉我：非我乎，万物之沉默喧嚣？"

……且，于至下，过陶醉："我是火花的陵寝，我是蠕虫的笑柄，我是一具腐烂的尸体，令天空烦腻，我是一嘉年华的小丑，与上帝为敌，我是一虚无贵族，从无特权，从未腐败。何等完美深渊，我至于不留堕落余地于我？"

天国与卫生

神圣：疾病之无上果实；只要我们是健康的，我们就会觉得它是恐怖的，是无理的，是最高病态的。而只要无意识的哈姆雷特精神，即所谓的神经官能症，主张其权利，天国就会形成，且建立不安的体制。自卫于神圣以养生：它出于一特殊的污秽于肉体灵魂。若基督教以卫生取代不可证者，我们则于其历史中徒劳求索一圣徒；但它保养我们的伤口，含蓄我们的污垢，一灵魂鬼火的污垢……

健康：反宗教之大杀器。造不死药：天国失而不复。空诱惑人类，以其他理念：彼皆是更无力者于疾病。老天是我们的锈，是我们的实体之麻木的腐朽：祂感染我们时，我们认为我们升华了，而我们一再堕落；至于我们的末日，祂加冕我们的失败，我们这就得"救"了，永远。阴森的迷信，光华的癌症，侵蚀大地，数以千年……

我憎恨所有的神，我不够健康以藐视他们。此乃大辱于公正者。

论确实的孤独

有些心神，老天不能，视而有贞。忧哀始在造下：若造者再深解此世界，将折损自己的平衡。以为人尚能一死者，无知确实之孤独，且不死之必然显以确实之痛苦……

乃我们现代人之幸运，定地狱，于自身：若我们保留其原貌，恐惧，持续以威胁之二十个世纪，将僵化我们。恐惧感皆改变以主观：心理学乃我们的解救，乃我们的借口。昔日，此世界被认为乃出于魔鬼的一哈欠；今天，它仅仅是感觉的失误，精神的偏见，情感的缺陷。我们知道我们期望什么，先于圣女希尔德加德[1]的天启预见或先于圣女大德兰的地狱灵游：升华——恐怖者如得道者——乃归类于所有的精神病论著。且若我们的疾病知于我们，我们不会被失去异象，但我们不再相信它们。沉迷神秘的化学，我们解说一切，甚至翻译我们的眼泪。而此仍是不可训者：若我等灵魂微不足道，从何而来我等孤心？何等空间，彼占据之？如何能，彼接替，以一发，无量消散的真实？

彷徨

你徒劳寻觅自己的模范于所有的存在：从他们那里，行远于你者，你仅仅借到其恶害的方面：贤者之不力，圣者之不一，唯美者之不甘，作诗者之不堪——所有人之不合自己，普通物之不明含义，于苟

---

[1] 圣女希尔德加德（1098—1179），又被称为莱茵河的女先知，中世纪德国神学家、作曲家及作家，天主教圣人、教会圣师。

且者不能善意。于纯洁者，你惋惜踉跄者；于卑鄙者，你悼念正直者；于梦想者，你伤痛粗俗者。你永远只是，你所不是，你永远悲哀，以你存在。何等的对立浸透你的实体，何等的恶灵主管你的流辟？于他者中，固执于自卑，使你支持其堕落欲望：你支持这个音乐家，你支持这个病。你支持这个先知，你支持这个病；你支持女性——女诗人，女哲人，女圣人——你支持其忧郁，支持其变质的活力，支持其肉体的腐败及梦想的破灭。苦涩，你决断的原则，你行动的风格，你理解的方式，乃唯一之定点于你的彷徨于厌恶于世界及怜惜于自己。

神圣的威胁

不能存在，以存在之下，或以存在之上，人类乃目标，于两个诱惑：愚昧和神圣，于人下和于人上，从未自己。但如他害怕存在轻于害怕自己的存在，那么存在的前景会更加可怕。投入痛苦，担忧恶果：如何能愿意，他，沉入这，属于神圣的完美之深渊，且失去控制？滑向愚昧或倒向神圣，此乃由自己堕落于自我之外。可是有些人不惧于意识的丧失，其意味痴呆的来临，而完美的前景不离于眩晕。是以不完美，我们高于神；且以害怕失去这不完美使我们躲避神圣！一个恐怖的未来，那时我们将不再绝望……那时，我们的灾难后，将出现另一者，一不料者：是灾难，将得救赎；是恐怖，将是圣徒……

爱慕自己的不完美者，惶恐于其痛苦所能准备的变容。化入超验的光芒……更好是走向绝对的黑暗，前往愚昧的温柔乡……

倾斜的十字架

崇高的乌合，基督教，太深刻——尤其是，太邪恶——于继续存在：其百年，屈指间。耶稣日渐干燥，其宝训温仁令人愤怒，其神奇神圣使人微笑。倾斜的十字架：从象征回到物质……重入解体的协会，无以例外，尊卑同尽其中。两个千年，表现成功！万物灵长，离奇顺从……而我们的耐心已经告终。我也可以——如同人人——真心皈依教门，如此想法，纵然一瞬，将陷我于疑问。救主者，我厌烦。我梦想一世界，无天国的毒药，我梦想一宇宙，无信仰的十字架。

如何能不预见那一刻，不再有宗教，人类，清醒且空虚，不再组织任何词语以表示自己的深渊？未知者同样平淡于已知者；所有人，既无兴趣，也无趣味。在知识的废墟上，阴森的迟钝将把我们做成幽灵，做成无心的月光（妄想）英雄……

神学

我心晴朗：上帝善良；我心悲伤：上帝恶状；我心不动：上帝中庸。我的状态予之相应的属性：我爱知识，祂是全知，我爱力量，祂是全能。万物，我觉得它们存在呢？祂存在。我觉得它们是幻觉呢？祂消失。千千理由保护之，千千质疑毁灭之。若我的热爱予之活力，那我的怒火予之死亡。我们不会于组合更多变的形象：我们畏惧祂，如畏惧一怪兽，我们粉碎祂，如粉碎一昆虫；我们崇拜祂：祂是存在；我们反感祂：祂是虚无。祈祷，即便取代重力，也不可能于祂保证一普遍的持久：祂继续存在永远以我们的时间。其命运希望祂是不可替代的，唯于心纯智钝眼中。一检查，揭穿祂：无用之原因，无理之绝对，无智之主保，无侣之娱乐，或稻草，或鬼魂，以祂或愉悦我们的精神，或扰乱我们的体温。

我慷慨：祂自负特殊；我刻薄：祂无法立足。祂，我曾感到，以所有其形式——祂既无法抵挡好奇，也无法抗拒查验：其神秘，其无限，在毁灭；其光焰，在熄灭；其尊严，在丧灭。祂是一破旧的古装，该被脱掉：如何还能自裹以一褴褛的神明？穷困潦倒，日落西山，多少世纪，苟延残喘；但祂存在不了，无以我们，祂在衰老：祂将先于我们断气。特征败尽，无人将有力量以锻造新品于祂；且人类受之，后弃之，重聚于虚无中，与其最高的发明：其造者。

形上动物

　　若我们能抹去之，一切者，神经症刻于精神与心灵，一切者，其所留之变态印记，一切者，其所附之下流阴影！不肤浅者，皆卑鄙。上帝：果实也，出于我们肠胃的焦虑，思想的咕鸣……唯向往虚无，免我们于堕落的练习，信仰的表演。何等清澈，艺术以表象，无动于我们的末日，不异于我们的灾难！上帝，我们思考之，趋向之，祈求之，或忍受之——错乱之肉体的运动，崩溃之精神的行为！上流肤浅的时代——文艺复兴、十八世纪——戏弄宗教，轻蔑其初级的娱乐。但，可悲啊！一下贱的忧愁消沉我们的热情，晦涩我们的概念。徒劳，我们梦想一蕾丝世界；神，出于我们的内心，于我们的溃烂——亵渎此美丽梦。

　　我们乃形上的动物，乃以此腐败，我们庇之以我们自身。思想的历史：衰竭的游行；精神的生活：眩晕的组曲。健康衰败，世界遭殃，曲于我们的活力。

反反复复"为何""如何"：时时刻刻追究原因——求一切的原因——以指明生理的失调，精神的紊乱，其终是"形上的疯狂"——深渊的痴呆，苦痛的暴跌，神秘之终极的丑陋……

忧愁的起源

强烈的不满，无一不是，宗教的自然：我们的衰败皆出于我们的无力，无力于设想天堂，于向往之，且我们的病痛皆出于此脆弱，脆弱于我们与绝对的关系。"我是一不完全的宗教动物，我加倍忍受一切疾苦"——堕落之谚语，人重复之，以安慰自己。未能成功，他呼吁道德，决定听从，不惜荒唐，金玉良言。"决心自己不再忧伤"，道德回响。于是，他用力以进入完善的世界和希望的宇宙……但其努力，皆作泡影，且敌对自然：忧伤起始于我们堕落的根源……忧伤乃原罪之诗……

修院胡言

不存在，于不信者，钟爱铺张，喜好四散，景象更狼狈于此绝对之反刍者……从何取得，他们，如此固执，于不可证者，如此关注，于不明确者，如此热情，于理解它们？我不明白他们的确信，也不理解他们的平静。他们是幸福的，而我责备他们，以此存在。至少他们彼此仇恨！但他们视自己的灵魂重于世界宇宙——此错误的估价，乃其源头，于献祭，于克己，于一庄严的荒谬。我等体验，不以系列，不以体制，以偶然，以心情，而他们，只有一体验，永远同一，单调深奥，令人厌烦。确实，神乃其客体；但何等利益他们能够从中获取？永久相等，于其本身，永恒无限，以其本性，祂，几乎不会，自我更新；我可能，思考之，以一时，但不能，以一世。

……尚未天明。传出斗室，百年间奏，一平庸拉丁天堂的祭品。早晚，一连脚步，急向教堂。晨经！即便上帝下凡以其庆典，我也不会下楼，因为严寒！但，以一切形式，祂应该存在，否则此血肉牺牲，振作于崇拜，将是一非常的疯狂，乃理性所不能容忍的思想。神学验证乃无用之物，比此操劳之困惑信徒且使之自给意义用途于如此勤奋。除非他自甘以一美学的观点于此自觉的失眠，自见一至大的冒险于此警醒的虚荣，自视一艰难的计划以一荒谬的且恐惧的美……无客体之祈祷的光辉！但某些东西必须存在：当此可能变成确实，至福不再是一个词，因为的确，回应虚无，唯以幻觉。此幻觉，名为，以绝对层面，神恩——是何方式，他们得之？是何优势，引导他们于希望者不可望于希望？是何权利，他们自居永恒，而一切拒绝我等？此具有者——真正的具有者，以我所见——是何手段，他们窃取神秘，以为享受？上帝是他们的：试图窃之于他们，将是徒劳的。他们自己，也不知道，是何方法，占据神奇。一日，他们信了。此人皈依，以一个召唤：已信仰之，无意识之：一知之，则礼之。彼人受尽苦难：苦难之止，先于一突然的光明。人不能讨信仰；信仰如一疾病，或潜入内心，或当头棒喝；无人能号令之；是荒唐的，望之，若是非命。人，或信或不信，或疯或不疯。我，不能信，也不欲信：信仰，一妄想，我不感冒……信与不信，无解立场。我沉醉于沮丧的快乐：此乃世界之根本；我重于怀疑者，惟出于怀疑之同意……

我抗辩，于其全体，此修道士，或面色红润，或萎靡不振："汝等信念，必然失败。我亦视苍天，而不见存在。断念于说服我：若有时我见上帝以演绎，我从未见之于我心，若我见之于彼处，我也不可能步汝等后尘，或以汝等方式，或以汝等丑态，更不可能，以汝等芭蕾步伐，参加汝等圣餐晚祷。莫过于不事之乐：即便世界末日将要到来，我也不会离开床榻于非时，如何将我，中夜匆匆，牺牲睡眠，献祭未知？即便恩典缠身，神魂超拔，无以暂停，一些讽刺，足以散心。啊，不要，你看，我害怕发笑于祈祷，也害怕天谴更多以信仰于以怀疑。免我额外精力：以一切方式，我之肩膀，无力擎天……"

叛逆练习

我非常厌恨，老天大人，他们的下流，您的作品，这些糖浆的蛆虫，他们奉承您，相像您！以厌恨您，我脱险于您天朝的糖厂，幸免于您傀儡的废话。您是灭火器，于我们的情焰，于我们的逆焰；您是消防员，于我们的兵焰；您是邮递员，于我们的冷焰。甚至先于禁锢您于一形式，我践踏您的神秘，轻蔑您的鬼计及您所有手法于不可思议的浓妆障眼法。您予苦涩于我，以慷慨，不予之奴隶，以慈悲。因为安息唯以您无能的荫蔽，野人得救只需将自己交付于您或于您的赝品。是您的信徒，或是我自己，我不清楚，谁更不幸：我们皆直出于您的无能：丝、条、带——创世之词，胡言乱语……

于虚无之内，曾经试图之一切者中，有否更可怜可鄙者于此世界，除非创世之思想？哪里有一呼吸，哪里就多一病体：一心跳，一证明，于存在之不利。肉体使我颤栗：男人，女人，五脏六腑，痉挛咕咕……再无血缘，与此星球：每一瞬间，唯一选票，以投我的绝望。

您的作品，中断或继续，有何重要？您的下属不能完成您无以天赋的冒险。被您投入盲目，他们将会走出，只是那时，他们将有力复仇吗，您将有力自卫吗？此种族是锈的，而您是更锈的。我转向您的敌人，我期待这一天，那时他将偷走您的太阳，以悬之于另一世界。

知 识 装 饰

我们的真理不贵于我们祖先的。完成替代其神话象征以种种概念，我们自认为是"进步的"；但此神话象征表达不逊于我们的概念。生命树、堕落蛇、夏娃、天国，指同样者：生命、知识、诱惑、无知。善恶具象，或以神话，或以伦理，前途相当。知识——其深刻面——从未改变：多变者，唯其装饰。爱继续着，无以维纳斯，战争继续着，无以玛尔斯[1]，即便诸神不再干涉人事，人事不会多一分易解，少一分难缠：公式的整齐唯一取代传奇的华丽，但改变不了人类的命数，且科学的理解深刻不及诗意的叙述。

　　现代自负，无边无际：自是光明深刻于所有过去世纪，一佛陀置千万有情先于虚无问题，而我们忽视其教诲，自是发现了此问题，因为我们变换了其术语，插入其中一些学识。但何等的西方学者堪比于一佛教僧人？我们自己迷失在文本术语里：沉思，一未知的已知，于现代哲学。若我们想保持一理智的体面，当

[1] 玛尔斯，罗马神话中的战神，维纳斯的情人。

出文明之激情于我们的精神，同样当出者，历史之迷信。至于大问题，我们无任何优势于我们的先祖或我们的上辈：他们一直无所不知，至少，于涉及本质者；现代哲学无补充于印度或希腊者。再者不会存在新的问题，尽管会存在我们的天真或我们的自负，其将欲说服我们以相反者。于概念游戏，谁曾匹敌一希腊辩士；于抽象冒险，谁曾无畏于他们？所有思想的极端都是老毛病——存在于所有的文明里。惑于新作的恶魔，我们飞快地忘了我们皆是第一个投入思考的猿人的子孙。

黑格尔，最大责任者，于现代乐观。他怎么会看不出，意识唯一之改变乃其形式和方式，而无丝毫进步？变者，排斥绝对的完成，不容任何的目的：有限的、非精神的冒险自行开始，无以一自身外的目的，将结束，一旦其前进的可能性没了。意识的等级变化以时期，但不会升级以遗产。我们不是更清醒的，于希腊罗马，于文艺复兴，于十八世纪；每一时代，都是完美的，以其本身——也是易坏的。有些瞬间，得天独厚，意识激增，但从未有过清醒之灭绝而人类不能于接近本质的问题，历史，一永恒的危机，甚至，一天真的破产。消极之状态——就是它们，刺激意识——分配以各种方式，出场于所有的历史时期；平衡和"幸福"，它们感到苦闷——好运之本名；失常与动荡，它们感到绝望，宗教危机，从中出现。人间天堂，此想法，合以所有此基本想法，其不合于历史，也不容于此消极状态流行其中的空间。

一切认识法，所有了解方，皆是有效的：推理、直觉、恶心、热情、呻吟。一世界观，援以概念，非更加合法者，于一源于眼泪者：论理或叹息——两方式，同等有力且同等无力。一宇宙，我创作之：我信仰之，而它，崩溃于另一信仰或怀疑的攻击。文盲之最笨者，与亚里士多德，是同等不可辩驳的——也是不能推敲的。绝对与无效既标记多年诞生的作品，也标记瞬间出窍的诗歌。《精神现象学》[1]有否更多真理于《灵魂的分身》[2]？闪亮的灵感，勤劳的钻探，引见我们以决定的——和可笑的答案。于今日，我更爱此作者于另一者；于明日，一我恨的作品将成为我爱的。精灵的创作——与主宰它的那些原则——皆听命于我们的脾气，于我们的年纪，于我们的热望，于我们的失望。我们质疑我们曾爱的一切，且我们总是对的，也总是错的；因为一切是有效的——又，一切是无重的。我微笑：一世界生；我忧伤：它灭亡，另一者现。意见、体系、信念，无不是正义的，同时又是无理的，或以我们的支持，或以我们的无视。

　　严密者，我们不会发现，哲学多于诗歌，大脑多于心脏；其存在，唯以我们同一与我们反对或忍受的原则或事物；看外表，一切都是任意的：理性如此，感性如此。所谓真理者乃一错误，不足经验，尚未结束，但急于落幕，一新型的错误，其伺机折损自己的

[1]《精神现象学》，是黑格尔最为重要并引起广泛争议的哲学著作。
[2]《灵魂的分身》，是英国诗人雪莱于 1821 年创作的爱情长诗。

新型。知识枯荣与共我们的感觉。若我们周游全部的真理，是因为我们皆是力尽者——活力，我们不多于它们。历史是不可理解的，无以令人失望者。因而确定此欲望，由自己忧郁，且死于忧郁……

真正的知识，于黑暗中，不过是不眠：正是我们失眠的总数区别我们于走兽及我们的同类。有否一想法，丰富而奇异，乃一嗜睡者的成果？你睡眠好吗？你的梦美吗？你扩充无名的泥腿。白昼敌视思想，大日夺其光芒；它们只能在漆黑中成长……夜知识的结论：其所有人，至于结论，万事无忧，不是愚蠢，便是伪善。谁曾发现一有效的快乐真理？谁曾保全智力的尊严以白昼的说辞？幸运者能自言："我有不幸的知识。"

历史是前进的讽刺，是通人的嘲笑。今日，胜，此乃真理；明日，败，此将是耻辱，是废物：信之者，步之于其败时。将来，然后，另一代：旧的信仰进新的力量；破的纪念将重修再建……直至其再次灭亡。不变的原则无法规范命运的恩威：其系统具有精神之无量闹剧的特性，于其游戏中，骗子信徒，混为一谈，诡计热心，是非不分。观每一世纪的笔战：其似是无动机的，也无必要。而其乃那个世纪的生活方式。加尔文派、寂静主义、波尔－罗亚尔、百科全书、法国大革命、实证哲学，等等不穷，连续荒谬……其必然存在，何等无用而不免的浪费！从古代的大公会议到当代的政治辩论，正宗与邪说纠缠人类的好奇心以其不可抗拒的荒唐。种种掩饰下，始终是赞成与反对，无论于天堂或柳巷。不计其数的人类受难以莫名之微妙于神圣之母子；不计其数的另一些人自虐以无所谓，但也不可信的教义。真道开派，无一不败，以有一波尔－罗亚尔的命运，以受迫害，以被毁坏；后，其残业将是高贵的，饰以所受不公的光辉，变成朝圣的福地……

现代民主之辩，中世名实之争，即便更多关注于前者，也不会更少荒谬于后者：每一时代皆会醉于一绝对，二流枯燥，独一外表；我们不免是一信仰，一体制，一观念的当代者，不免是，仅仅是，其时代的当代者。以自由于它们，必须具备蔑视之神的冷漠……

历史无意义，我们喜悦之。要折磨我们自己吗，以一未来之幸福的决心，以一最后的庆祝，尽管代价只是我们的汗水和我们的灾祸？以未来的愚蠢，要狂喜于我们的痛苦，雀跃于我们的灰烬吗？一天堂的完美，其梦幻，其荒谬，超越希望之最严重的泛滥。唯一之借口，以原谅一时代，乃于其中能够发现更益于其他者，种种无果之意外，于一难堪的困惑之单调中。宇宙始终，与每一人，不为莎翁存在，也不为笨伯灭亡；因为每一个体在绝对中感受自己的有用或无用……

以何妙术，似是存在者自由于不存在者？一时大意，片刻不适，于虚无中：幻影乘机；一空隙，于其警惕时：我们利用。正如存在取代虚无，它取代，轮到它时，于历史：存在同样参与一摧毁虚无正教异端循环。

231

放　弃

绳子

　　我不记得，以何方式，得此密语："无国家，也无健康，无计划，也无回想，流放未来与知识，只占领一简陋的小床，以忘记叹息和阳光。我平躺其上，细数时间；周围物品，于我命令，自己毁灭。钉子耳语：让我刺穿你的心脏吧，几滴血不会让你惊慌吧——刀子暗示：我的锋刃，万无一失：一秒决定，穷苦羞愧，烟消云散——窗户自主打开，嘎吱刺破沉默：共城市的高地，与无家的人们；冲啊，我的开口，宽宏大量：落在地上，一眼景光，粉身碎骨，生命虚无。一根绳子，卷成一圈，仿佛套在一个完美的脖子上，假意恳求：我一直在等你，关注你的恐惧，你的沮丧，你的愤怒，我看在眼里，被你蹂躏的被褥，被你怒咬的枕头，我听在心里，你孝敬上帝的发誓赌咒。仁慈的我，同情于你，服务于你。因为是为了上吊而出生的，正如其所有者，不屑回答自己的怀疑或鄙视逃避自己的绝望。"

魔障之下

虚无观非劬劳者的特性：劬劳者，既无时间，也无渴望，于衡量他们的灰尘；他们顺从，以命运的冷酷或顽固；他们希望：希望是一种奴隶的美德。

乃虚荣者、自负者、风骚者，畏惧白发、皱纹和呻吟，充实其日日的清闲，以其尸体的形象：他们自恋，又自弃；他们的思想飞舞在镜子和坟墓之间，揭开在其面容中同等严肃于宗教者的真相。所有的形而上学，始于肉体的痛苦，再是普遍者；因此那些轻浮而不安的人才是真正痛苦的人。肤浅的闲人，困于衰老的幽魂，更接近于帕斯卡，于波舒哀[1]，或于夏多布里昂，相比一个不关心自己的博学家。一天赋，以虚荣：你有大傲慢，不服死亡的邪恶，视之如一人格的冒犯。佛陀本人，高于所有的圣人，不过一神圣的自负者。他看到死亡，发现自己的死亡，而感到痛苦，

---

[1] 波舒哀（1627—1704），生于法国第戎，遣使会会士，神学家，被认为是法国史上最伟大的演说家。

他抛弃一切，且强加其绝于他者——如此，最可怕且最无益的痛苦，出于其受损的傲慢，以面对虚无，变形之，以复仇，为戒律。

墓志铭

"他自豪，以从未领导，以既不派任何事，也不管任何人。无从，无主，他既不发令，也不受命。免于法律的主宰，仿佛先于善与恶，他从未折磨一活的灵魂。其记忆中不存在万物的名字；他看而不解，听而不明；芬芳或香味消失在其鼻孔和口腔的附近。其感觉，其欲望，乃其唯一的奴隶：因此它们既无感觉，也无欲望。他忘了幸运，也忘了不幸，忘了渴望，也忘了忧虑；而若偶然想起它们，他蔑视说出它们的名字，鄙夷自下于希望和悔恨。动作最小者费其力更多于另一者创灭一帝国。天生为人的疲惫，他希望成为幻影：何时他曾活着？且以何诞生的错误？而若，活着，他穿着裹尸布，以何奇迹，他完成死亡？"

眼泪的俗用

乃自贝多芬，音乐起言于人：其先，彼唯谈与神。巴赫及意大利的音乐大师们，皆不懂此人性的倾向，也不知此荒唐的泰坦精神，其起于聋人，坏最纯的艺术。意志的扭曲代温柔的甜蜜；感情的矛盾代天真的飞跃；暴烈的躁动代顺从的叹息：天堂逃出音乐，人类入住其中。曾经，罪孽流行，以温柔的哭泣；来了，它张扬的时刻：朗诵胜祈祷，堕落的浪漫魂败下降的和谐梦……

巴赫：创世的忧郁；眼泪的阶梯，为了上帝，我们的欲望，攀登其上；脆弱的结构，我们意志的——最高的——确实的解体；神的灭亡，于希望中；唯一之模式，我们之沦丧，无以崩溃，我们之消失，无以死亡……

太迟否，于重习此完全的消亡？或必须继续衰弱，除外风琴的和唱？

意志的波动

"经过否，此意志的熔炉，于其中，无一敌于你的欲望，于其中，命运无灵，重力失重，自微于你权力魔法的面前？确定，你的目光能起死回生；确定，你的双手能复活一切物质；确定，你的触摸能让石头产生心跳；确定，所有的公墓将鲜花盛开，以一不朽的微笑——你反复自言：'从今以后，只存在一永恒的青春，一神奇的舞蹈，所有困倦的终结。我将起另一大火：诸天出神，万物销魂；苍穹沮丧，九地喧响。'"

……好极者，几乎窒息，陷入沉默，以重新开口，以寂静主义的腔调，以自流者的言辞：

"经过否，此种昏沉，其能传染于物，经过否，此种柔弱，其乏元气，使之梦想一夺冠的秋季？以我的经历，希望皆会破灭，繁华皆会枯萎，本能皆会曲折：万物停止欲望，万物悔以曾有欲望。每一存在私语于我：'我更愿一他者过我的生活，不论是上帝，或是一蚰蜒。我叹息，以一不用的意志，以一未启的无限，以一疯人的恍惚迟钝，以一阳光灿烂的冬眠，其将麻木一切，从肥猪到蜻蜓……'"

正义论

"既然于你，不存在终极的标准，也没有不灭的原则，及任何的神，是什么制你于行万恶？"

"我发现，我有多恶，他者就有多恶，但厌恶行动——行动，乃万恶之母——我不是任何人痛苦的原因。无害，无欲，无足够的力量，也无足够的不良，以冲撞他者，世界兴亡，我任由它。要复仇，先要一时刻的警惕，一哲学的头脑，一巨额的坚持，而宽容的冷静，轻蔑的公平，其使时间，惬意空洞。伦理险恶，对于正义；唯有粗心，方能拯救。选了笨伯的沉着，挑了天使的冷漠，我自外于行动，由于正义和生命是不可两立的，所以我解体自己，以为正义。"

事物的方面

　　须大量的无心，以无私专心于任何事。信仰者、热爱者、追随者，皆只看到神明，其偶像，其大师的一面。狂热者不免地持续是天真的。存在否，一纯粹的感觉，其非神恩和愚蠢的混合，存在否，一真福的赞美，其无智力的残缺？同时半见一存在之所有方面或一事物之全部形象者，永远留在动与不动之间——剖析任何信仰：心灵何等大方，其下何等卑劣！乃此无限，梦寐以地沟，不可避免，留有污迹和恶臭。圣徒心存公证，英雄心存市侩，烈士心存保安。叹息之下，匿一怪相；人世娼门的风气混入牺牲和崇拜。沉思于"爱"：有否更高贵的下流，更可疑的深入？其快感与音乐的激动赛，与孤独的苦涩争，与狂喜的眼泪竞：是崇高的，但是一种不可分离于尿路的崇高：分泌之相邻传输，腺体之天上宫阙，性器之突然神圣……关心一秒，兴奋动摇，将你抛入生理垃圾，或一丝疲劳，足以开窍，活力生产不过鼻涕。清醒状态，于陶醉中，改陶醉的滋味，变陶醉者为神明者而践踏种种不明的借口。爱与认识，不能同时，爱情必败亡于精神的注视。反思你的偶像，细看你崇拜的受益者和你克己的牟利者：于其大公无私下，你会发现，自恋，荣誉的毒刺，主权的欲望。思想的天才皆是行动的败者，其复仇挫折，以概念的调和。先天不足于行动，他们，或歌颂之，或诋毁之，是因为他们渴望人类的认可，或其他形式的光荣：人类的憎恶；他们非法上升其固有的缺点和不幸至于合法的行列，推举其轻浮和无聊至于原则的水平。思想，乃一个谎，正如爱或信仰。因为忠实乃欺诈，乃芳香之瘾；终极，人别无其他的选择，要么说谎，要么腐臭。

恶习的奇迹

是必要的，于一思想家——当以出世界——一无量的劬劳于询问，一瑕疵的特权于开始授予一独特的命运。恶习——孤独的分配者——供于其标记者一非常的分离状态。观性颠倒者，其兴二种互敌的感情：

恶与美；其颓废既使他下于他人，又使他上于他人；他不接受自己，时刻自辩于自己，自造种种理据，撕扯于羞耻与傲慢；而——执迷不悟的生育狂徒——我们，行动如家畜。不幸于者，其无性的秘密！如何猜测，反常之恶臭的利益？我们，永远做自然的子孙，其法律的牺牲，人形树木终生？

一文明之灵活与精妙的程度立于一个体的不立：非常的感觉导向且激发精神：迷途的本能位于野蛮的对立点。结果，人道不能者乃更复杂者于一反应完全的野蛮者，结果，其完成人之根本优于任何人，其成为脱动物园者，且结果，其充实于其所有的不足，于其所有的不能。消灭缺点与恶习，去除肉体的忧郁，你将不再遇见心灵；因为名以心灵者，不过是一内心丑闻的产物，一幽暗羞耻的代号，一卑鄙下流的美化……

于其天真下，思想家，嫉妒此认知可能性：向一切反向自然者；他相信——不无厌恶——"怪物"的特权……恶习，乃一个疾病，唯一值得承受的名望，恶劣者必然更加深刻于普通人，因为以不可描述的方式他断离于众生；他始焉他者的终点……

一天然的快感，取于实体，废于自身，毁以自己的手段，灭以自己的成真，而异常感，思想感也，一思想也，于反应中。恶习，至于意识之最高级——无以哲学之调剂；但，必须也，于思想者，以一生光阴，至于此情感的清明，于是也，堕落降临。然，彼此相似也，以其倾向于自拔于另一方，一者自勉于沉思，一者唯顺其恶性的奇迹。

败俗者

"你的时间，其何去焉？一举动的回忆，一激情的痕迹，一冒险的闪光，一美好而短暂的疯狂——无一于你的过去；无一谵妄，以你为名，无一恶习，以你为尊；你已滑过，不留一痕；何等存在，乃你的梦？"

——"我当有心于播撒怀疑至地球的心底，使之渗透物质，使之主宰那里，精神不曾入焉，且先于到达生灵的骨髓，动摇顽石的寂静，引入心灵的危险和缺陷。若我是建造者，我会造一座大灭的神宫；若我是传道者，我会告祈祷的可笑；若我是人主者，我会耀叛逆的标志。自弃欲望，人人包藏，所以我当四处煽动自我的不忠，将纯贞投入错愕，繁殖自我的叛徒，阻止群众停滞在确信的死水中。"

洞穴建筑师

神学、道学、历史、日常经验皆教育我们达到平衡不存在无量的秘法；只有一方：服从。"接受控制，"他们反复说于我们，"你们将是幸福的；成为客体，无论什么，你将自由于你的痛苦。"事实上，世界上，一切皆工作：时间的专家，呼吸的官员，希望的贵族，一位置等待我们，先于我们的出生，我们的职业皆备于我们母亲的腹内。一官僚世界的成员，我们必须占据其中一个地点，以一严格命运的机械论，而其松懈，唯于疯人；至少，他们不会被迫以具有一信仰，以拥护一机构，以支持一理念，以追求一事业。自有社会，欲出离者，或受迫害，或受嘲笑。我们原谅你，完全地，只要你有一工作，有一招牌以你的名字，有一标记于你的虚无。无人有胆以呼喊："我什么也不想干。"——我们更宽容一刺客于一自由行动的智者。增加顺从的可能，放弃自由，消灭心里的流氓，而精致其奴性，听命于种种幻影。甚至养其蔑视，育其叛逆，唯以受制于彼，为奴于其态度，其举动，其心情。出洞穴，不出迷恋；他曾是洞穴的囚徒，他已是洞穴的造者。流传其原生的条件以更多发明和更多微妙；但说到底，或放大或缩小其漫画，他无耻地自我抄袭。技穷的骗子，其柔术，其鬼脸，尚能欺骗……

衰弱教育

如一块蜡，以太阳的作用，白天将我融化，黑夜将我凝固，交替，解体我，重组我，化身，以消极，以懒惰……将是这个结果，于我读过的一切，我知道的所有？这个将是终点，于我的彻夜不眠？怠惰削弱了我的热狂，减少了我的欲望，平息了我的怒火。不能自由，便是怪兽：我全力于学习放任之道，以不劳自修，以腐烂艺术的训条阻止妄念。

人人想，处处想：假面的脚步，加速向往小气的目标或神秘的目的；相交的意愿；个个想；大众想；千万人趋向，我所不知者。我不能从之，更不能抗之；我停止，我惊滞：何等神奇注入他们如此活力？致幻的动性：丁点肉体，如此活力，如此癔病！此等激动，任何顾虑不能平静，任何智慧不能安定，任何辛酸不能暂停……他们藐视危险以胜过英雄的轻松：其乃效率之无意识的使徒，直接的圣徒……时间庙会中的神明……

我转身，离开世界的人行道……可是，一时，我仰慕雄主，赞赏工蜂，一时，我几乎希望；但，此刻，运动使我恐慌，能量使我悲伤。顺流明智于逆流。遗作于我自己，我想起时间，以儿戏，以无味。没有欲望，也没有孵化欲望的时间，我只有确信，我总能幸存，受损于全能愚蠢甚至先于眼睑睁开而死于明见的胎儿……

无上的高利贷

有一物，其赛最卑污之娼妇，敌下流者，衰老者，失败者，既挑起愤怒，又打击愤怒——愤怒的巅峰，瞬间的条文：正是词语，一切词语，更确切地说，我们使用的那些词语。我说：树、屋、我、华丽的、愚蠢的：我可说任何的，我梦见一人，其杀了所有的名词，所有的定语，所有上流的病句。于我有时，其皆尸体，无人欲葬之。以怯懦，我们仍视之为活，继续忍受其臭，而不捏紧我们的鼻子。可是，它们不是，也不再表示。一想到它们经于众口，败于呼吸，用于投机，我们还能使之其一，而不受其污坏？

投于我们的，人人咀嚼的：可是我们不敢吞咽反刍他者的食物，此身体的行动，其合言语的使用，而使我们厌恶；但只需片刻的愤怒，以感到，于任何话语下，一生人的唾液余味。

以清新语言，必须者，人类停止说话：或重新开始，以符号的利润，更有效者，或求于沉默。词语的卖淫乃其贬值之最明显的症状；不再有完璧的词语，也不再有完美的发音，只有被指的事物，一切贱以重复。为何每一世代不学一新的方言，即便只是为了给予客体一别的活力？如何爱，又如何恨，如何游戏，如何容忍，以种种贫血的象征？"生""死"——形上的陈词，过时的密语……人类当自创一别的实虚，以此目的发明别的词语，因为人的词语都是血亏的，且于其临终的阶段，不再有可能的输血。

于欲望的葬礼

一无限小的空洞不自觉地张口于每一个细胞中……我们知道疾病集于何处，知其位置，知器官之明确的虚弱；但此痛苦，是不定的……此压抑，是以千洋万海的重量，此欲望，是于一理想之不祥的恶毒……

复兴的庸俗，太阳的挑衅，青翠的鼓动，活力的冲击……我的血解体，当时花蕾展开，当时禽兽开怀……我想要完全的疯狂，我羡慕睡鼠的迟钝，我渴望野熊的冬天，我嫉妒智者的枯燥，我愿换取他们的麻木以我的激动，我是一个啰嗦的刺客，梦寐不及鲜血的罪恶。甚于其全体，我非常之妒忌者，皆阴郁而残酷的昏世大帝，皆刺于其行凶的正中！

我自弃于空间，如瞽人之一泪。我是何人的愿望，何人愿望以我？我希望有一魔鬼欲谋反人类：我必与之。我疲于其混乱，我欲望的葬礼，我终于有一理想的借口，因为厌倦乃其受难，生死不以任何信仰者。

不可辩驳的失望

万物拥护，于其观点，供养之，巩固之；它——无所不知，不可驳斥——加冕事件、感觉、心思；无一瞬间，不神化之，无一冲动，不崇高之，无一思索，不坚信之。神圣者，其国无边，其势无限，宿命伏为其奴舌；连生死，聚之，合之，食用之。相比其理由验证，科学仿佛一堆荒唐。无可减轻其厌恶的热情：有否真理，繁华以公理的青春，能挑衅其幻觉的教条，其傲慢的发疯？任何少年的热忱，甚至精神的狂乱，皆抵抗不了它的真理，其胜利乃宣告于理智与疯狂的异口同声。当面其无缺的帝国，当面其无限的权力，我们只能屈膝；一切开始，以漠视之，一切终结，以屈从之；无一行为，不以避之，无一行为，不能返之。临终之言，只有它不会欺骗……

箴言家的秘密

当我们用忧伤充满世界，只有欢乐，离奇的、罕见的、闪烁的欢乐，留给我们，以发精神；乃当我们不再希望时，我们受希望的魅惑：永生——困于死亡者的献礼……因我们的思想方向不同于心灵的方向，故我们潜怀一爱慕于我们践踏之一切。有人记录机器的啮齿：是因为太想天堂的和鸣——因听之不到，故自屈以闻四周的吵闹。苦涩之言，尖酸之语皆出于同情的伤口和正直的尸体。拉罗什福科、尚福，其恶言皆其复仇于一开凿于粗鄙者的世界。苦涩皆含复仇，且自译为一哲学：悲观主义——此残酷出于不能原谅以辜负其期望的败者。

致命打击的欢乐……笑里藏刀的愉快……我想到伏尔泰犯上的讥讽，里瓦罗尔[1]机智的反唇，杜·德芳夫人辛辣的金句，其轻蔑的微笑，见以其优雅的辞藻，其挑衅的轻浮，流于其沙龙的闲聊，其风趣，既是娱乐，也是火药，其尖刻，包含一过度的客套……我又想到一完美的箴言家——其混合了诗意的奔放和犬儒主义的姿态——狂热又冰冷，散漫又尖刻，既接近《漫步遐想录》（卢梭）又接近《危险的关系》（拉克洛），或者说，集二侯于一体，沃弗纳尔格[2]（分寸）与萨德[3]（地狱）。观察伦理，以其自己，不必求之于他地，只要最低关注于自我，就会看到生活的矛盾，他完美反思其每一方面，但，因羞于做重复的工作，而悄悄走掉……

---

[1] 里瓦罗尔（1753—1801），法国政论家、讽刺作家。

[2] 沃弗纳尔格（1715—1747），法国作家。

[3] 萨德（1740—1814），法国贵族出身的哲学家、作家和政治人物，是一系列色情和哲学书籍的作者，以色情描写及由此引发的社会丑闻而出名。由于他的作品中有大量性虐待情节，被认为是变态文学的创始者。

关注之训练无一不至于一毁灭之行动：此乃观察之宿命，皆于其而出，一切不利，于观察者，从古典箴言家直至普鲁斯特。万物自解，以探索的视线：激情，不拔的依恋，热爱皆简单头脑者的特性，既忠于他者，又忠于自己。一点清醒，存于心灵，将使之为矫情的坐位，变多情人为阿道尔夫（Adolphe），化不满者为勒内（René）。恋爱者，不知爱，行事者，不思行：若我研究我的"邻人"，是因为其不再存在，又我不再是我自己，若我分析自己：我将是一客体，将是他者之一。信徒，思索其信仰，将灭亡以置上帝于天平上，而守卫其狂热，唯以恐惧于迷惘。被置于天真的对点，对立于完整而真实的存在——箴言家，力竭于面对自己和他者：俳笑者，阴谋的小宇宙，无法忍受谋生之诡计为人类自动接受之，且收入其自然。一切似乎都是公约：故而他泄露人之感情与行为的动机。他揭穿人类文明的种种偶像：因为他苦于半见这些且超越这些；因为这些偶像做了生命，这些偶像都是生命，而他的存在，因为凝视它们，而误入歧途，求索一不存在的"自然"，即便此"自然"是存在的，其和加于其的不自然，于他，都是陌生的。一切心理的复杂，化之为基础，解释之，分析之，都是一危险的手术，更不利于操作者，相比于受害者。结束感情以追求其原委，消灭冲动以观察其波折；一旦分析他者的运动，自乱于前进中者，不是他们……一切我们不会参与的，都像是不合理的；但，行动者，不可能不前进，而观察者，无论其转向何处，记载其无用的成功，唯以辩护其失败。因为生活唯以忽视生活。

修院奇幻

有些时代，女子佩纱，以掩岁月的步伐，以暗其容光的衰弱，以隐其魅力的消磨，是于世界，亦于自己……当时男子，疲于荣耀，倦于奢侈，出离宫城，遁入教门……皈依以羞耻，此风气消于大世纪（路易十七）：帕斯卡的阴影，雅克利娜的反映，如无形的魔力，皆漫谈最微末的朝臣，最轻薄的美人。但波尔-罗亚尔修院已永久灭绝，及其，慎独临终之胜地。再无修院的风流：尚觅于何，以减缓我们的衰老，一忧郁而奢华的环境？伊壁鸠鲁之信徒，圣埃弗勒蒙曾经设想一方净土以其品味，舒缓而轻松者，无异于其修养。于那些时代，仍是必须的，重视上帝，使之合于教外者，使之归于孤独中。皆大欢喜的和解，无可救药地完结！于我们，是必须的，修院回廊，空空荡荡，无异于我们的灵魂，以亡于其中而无以天国的辅助，且于一不完美的纯粹，是必须的，修院回廊，相称于醒悟的天使，它们，于堕落中，以失败的幻觉，仍保持纯洁。希望一退隐的流行于一无信的永恒，希望一宗教礼服于虚无中，希望一自由于神秘的修会，其中"兄弟"皆无一要求，既轻视自己的救赎，又齐观他者，一不可能得救的教会……

致敬疯狂

"疯了，我会更好：

疯了，我就不会心痛了。"

——《李尔王》

葛罗斯特的惊叹拔于李尔王的疯狂……以免忧伤，我们最终的手段是谵妄；从其失常，不遇悲伤：平行于我们的痛苦，比邻于我们的忧愁，我们疯疯癫癫在一美好的黑暗中。当有人厌恨此名为生活的疥疮，又厌倦于寿命的瘙痒，疯狂的保险，于人生的沮丧，将是一诱惑，一榜样：求一宽仁的命运，免除我们的理性！无路，只要智力继续关注心灵的运动，只要它不破这一习惯！我渴望愚人的黑暗，渴望其无机的苦难，渴望有幸于冷漠地悲叹，仿佛它们皆是另一者的悲叹，我渴望耶稣的死地，在那里人人皆陌生于自己，在那里惊叫皆出于别区，我渴望一无名的地狱，在那里我们起舞嗤笑于毁灭自己。生死以第三人称……流放自己，以我自身，分离名我，以永别我曾是者……于最后获得——因人生之忍受唯以此代价——荒唐的智慧……

我的诸神人

人在当时，皆思神人：我亦有之：克莱斯特、君德罗德、钱拉·德·奈瓦尔、奥托·魏宁格……陶醉于其自杀，我确信之，唯有彼等，一路到底，以其死亡，得出正确的结论，于其或缺或圆的爱情，于其分裂的精神，或于其哲学的抽筋。一人不死于其激情，足使之卑鄙或下流：就是说人性于我曾是多余者：我发现于其中一数量微薄的高尚决心和许许多多的衰老妥协，于是我改弦易辙，坚决了结，先于而立。然，以岁月消磨，我失去了当时的骄傲：日日皆似谦虚课程，时时提醒我尚为人，背叛梦想，于人类中，苟且生存。过劳于等待死亡，我视为一责任，于杀伐我的身体，当晨光刺破情爱的黑夜，玷污于记忆，一叹息的过度就是一无名的粗鄙。或，于另一时刻，如何，以其存在，继续攻击时间，当某人理解一切于一尚傲慢于天位的膨胀？我曾以为，唯一行为，人类可为，无以羞愧，乃是自毁，我曾以为，人类无权于衰弱以岁月之交替，以不幸之无为。非自杀者非选民，我曾反复自言。现在，仍是，我尊重一自挂的门夫多于一活泼的诗人。人人被判自杀的缓期：此乃其唯一的荣耀，其唯一的借口。而他不明于此，指敢以死亡超越自身之勇气为懦弱。我们互系彼此，以一默示的条约，以至于最后的呼吸：此条约是巩固了我们的团体，但也禁锢了我们：人人皆中卑鄙。非以自杀，无以得救。怪事！死亡，尽管永恒，不入民风：唯一的真实，死亡，不会是风尚。因此，尽管活着，我们皆是延期的死者……

头脑简单者

观其音，当一人发出"真理"一词，察其顿挫，是保证，还是保留，视其气，是信仰，还是怀疑，你将得知其看法的本色，其精神的质地。（真理）这个空洞无比的词语——人类却作之为偶像，化其无理为思想的标准和目的。此迷信——辩白群俗，除名哲学——结果于希望侵凌逻辑。有人反复告知你：真理乃不可及者；而必须者，乃探索之，向往之，力求之。此乃一限制，无别你于自称发现真理者。重要者，乃信之，真理是可能者：得之或望之乃出于一心理的二行为。以一个普通的名词，我们造了一个例外：此乃语言之大盗！言论真理（la Vérité）以信心，我谓之头脑简单：因为其保管大写字母（des majuscules）而天真用之，无以欺骗，无以贬贱——自称哲人而崇拜真理乃愿作公民而假装隐士。出于某一想法的希望，其使人悲伤，或使人发笑……有一种下流叫将过量的灵魂置入巨大的单词，有一种幼稚叫一切狂热皆以知识。是时候了，哲学，怀疑真理，自由于所有的大写者。

穷：精神的兴奋剂

以醒精神，不仅以咖啡，以病痛，以失眠，以对死亡的执念；穷，其贡献，以相等的价值，甚至，以更有效的方式：次日之恐怖如同永恒之恐怖，金钱之烦恼等同形上之恐惧，既排斥休息，也拒绝放弃。我等屈辱皆出于此，不能自决以饿死。如此鄙下，高昂代价。生以众人，不以丐业！自卑于衣冠的美猴，自轻于仗势的走狗！受制于这些不配于鄙视的小丑！正是求索的羞耻，兴起破世的欲望，且消灭等级，消除堕落。社会不是一种病，其是一灾难：何等傻眼的奇迹，我们皆生活于其中！当我们凝视之，介愤怒与冷漠，不可理解，其结构毁灭，无人完成；不可说明，从古至今，无正人君子，仁人志士，夷之平之，绝其遗迹。

求小钱于城市，待回应于默天，两者相似，不止于一。吝啬兼握心灵和物质。鄙视吝啬者！其积累财富和神秘：钱袋之高不可攀如同未知之深不可解。但，谁知道？有可能，某一天，未知自显，出其秘宝；大富翁，不可能，血气未败，自发其财……他会实其丑事，其恶习，其犯罪：不会实其财产；他会给你其所有的隐秘，甚至把命都交给你：但你不会得到其临终之秘，其致富的奥妙……

穷，不是一短暂的状态：其出现以此确定：无论何来，尔皆无有，尔生来，外财流，尔必争，以呼吸，夺空气，夺希望，夺梦乡，即便社会消亡，自然者善恶常。慈父原则无一关注万物创造：处处有埋藏的宝藏；因为上帝是个吝啬鬼，既小气，又神秘。是祂，灌输于你次日之恐怖：不必惊奇，宗教本身乃此恐怖形式之一。

于永恒的穷人，贫穷，如一永恒的兴奋剂，无可能于解其效力；或者说，其如一先天的学术，先于生之任何知识，便能描绘其地狱……

于失眠祈祷

于年十七，我信哲理。无关其者，在我眼里，皆罪恶卑鄙。诗人？皆江湖骗子，善娱乐弱小女子。行动？乃疯狂的愚蠢。爱情？死亡？皆低级的借口，以自绝于概念的荣光。不配精神的芬芳，世界散发恶臭……概念，何等污点！喜悲，何等羞愧！唯有抽象，当时认为，令我心动：自放于女仆的情场，于畏惧一更高的客体将使我违反我的原则，将使我心灵堕落。我再三自言：唯有妓院，与形而上学相容；我渴望——以免诗意——女仆的目光和娼妇的哀伤。

　　……这时你来了，失眠，伤我血肉，损我自负，是你，化青春的粗野，分本能的差别，兴梦想的火焰，是你，以一夕，予我更多知识，于无数以休息结束的白天，又，以红肿的眼睑，你发现更重大的事件，于无名的疾病或时代的灾变！你使我听见健康者的鼾声，其人沉浸于有声的遗忘，同时我的孤独包括四周的黑暗而成为更大的黑暗。一切入睡，一切永远地入睡。不再晨光：我将清醒，以此方式，直至生命的灭亡，有人等我，于其时刻，以命我统计我梦的空场……每一夜皆相似于另一个，每一夜皆是永恒的。我自觉共济一切不能入眠者，一切未知的失眠兄弟。如恶棍或狂徒，我亦有一秘密；如同他们，我将创立一帮派，以此我们宽恕一切，付出一切，牺牲一切：无眠帮。眼睑倦怠的第一来者，我会予之守护，但我不会赞赏能眠的英俊，即便其是国家的神明，艺术的天子，文学的上帝。我会许之崇敬，一暴君者——以复仇黑夜——而禁止休憩，惩罚失忆，合法灾厄，规则狂热。

是当时，我求于哲学：但不存在安慰黑暗的思想，不存在抵抗失眠的哲学。失眠分析解种种确信。疲惫于此崩溃，故而自言：要么睡，要么死……要么收复梦乡，要么接受死亡……

但此收复是不易的：一旦亲近黑暗，便会发现自己是多么黑暗，因为黑暗于黑暗。你在恋爱吗？……你的冲动将永远腐败；你结束每一次"出神销魂"如结束一极乐惊恐；于枕边的目光，对以罪犯的面容；于真诚的求欢，应以淫欲的兴奋；于纯洁的心灵，报以罪人的诗意，因为一切以你将是你的诗意，但将是一罪恶的诗意……晶莹的思想，幸运的思想链？你不再思想：此将是概念的泛滥，是概念的岩浆，是流动的，是无序的，是令人作呕的，是来者不善的，是发自肺腑的，是肉体的自虐，是精神的折磨，精神受害于性情而无奈于性情……你痛苦无限，苦于大全：和风，你看作狂飙；触摸，你看作刺杀；微笑，你看作批颊；琐事，你看作大灾。是的，失眠可能停止；但其启示不会消失，继续于你：人无法历经黑暗而不受其害，人无法受其教诲而安然无恙；有些眼睛，不再能学习于太阳，有些灵魂，患于黑暗，永无健康……

恶人肖像

于何，其没有犯更多罪恶，于其当犯者，无高明的谋杀，也无精心的复仇？于何，其没有听命于冲冠的血气？是以其性情，是以其教养？无疑，非也，更不是以其天良；而唯以死亡概念的临场。生性不宥个体，其宥全体；小辱兴其本性；其亡之，片刻后。足于其，设代以其尸体，用此法于他者，以突然平息：解体形象，予之善良——予之懦弱：一切智慧（慈悲）皆困于死亡。好人，皆傲以生存，其复仇，倾听其血液神经，相似于种种偏见，反唇，掌掴，杀人。但，亏于死亡恐惧，其精神不再抵抗外部挑衅：起草行动，而放弃成工；三思荣光，而顿失名望……热情试验，冷酷分辨……此恐惧，附其举动，化其精力；其欲望皆气绝于普遍无谓的天启。恨，以必要，不能以信念，其阴谋，其罪恶，皆止于执行的期间；如所有者，其匿一杀手，于其自己，而乃一过于保留的杀手，或因厌倦宿敌，或欲新造对头。梦以万恶，匕悬其面，由于失望，先于体验；人人判断，其为良善，其将是邪恶的，若其自觉徒劳正义。

宽容观

盛（vie）的符号：残暴、狂热、不宽容；衰的符号：客套、体谅、不严格。一机构，只要是，立以凶性，便不容敌手，不恕异端：屠杀之，焚烧之，监禁之。一个个火刑堆，一架架断头台，一间间死囚牢！其发明者，非蛇蝎心，乃信念心，全体之信念，无论其何等。立一信仰，或早或晚，治安会保证"真理"。耶稣——若望得胜于人间——必有预见于托克马达，难免之结果，以基督教译为故事。且若羔羊不备十字的屠夫，其未来的保人，将配其绰号。以宗教裁判，教会证明，其尚有巨大的活力；以相同的目的，国王表现，以良好的性欲。权威皆有巴士底狱：一机构愈是权力的，愈少是人类的。一时代，其能量估计，以其受苦者，一信仰，或宗教者，或政治者，其肯定，以其受害者，兽性，乃一切时代之一切成功之第一性。千万人头落地，一个思想胜利；其赢，唯以败其他思想，唯以赔其他思想者和其他支持者的首级。

历史承认怀疑；可是，历史，存在且继续，唯以诋毁怀疑；无一事件出于怀疑，但事件思索皆引向怀疑，皆证明怀疑。这就是说，宽容——人间至善——同时，也是人间至恶。宽容所有的观点，那些最不和的信仰，那些最矛盾的意见，必须以普遍的萎靡无实。当此奇迹发生：敌手共存——确切地说，因为他们不可能再是敌人；相反教义，互识优点，无有精力，自我称赞。一宗教将自绝以接受异真理；是真的，上帝终尽，当是时，一切杀戮无以其名。消失一点绝对：出现一点人间天国的光波……其短暂而微弱，于不宽容立法人事。集体稳定，唯以暴君，而其解体，在于宽政——届时，他们，力量暴动，绞杀自由，崇拜狱卒，加冕酷吏。

一切时代，其恐怖者高于和平者；人类好发怒，以无事，于多事。故历史，乃血腥之作，以不容无聊。

衣裳哲学

以何等的温存，何等的嫉恨，我思想于荒漠的修士们，于厚颜的犬儒们！耻于排列此等小物：桌椅、床铺、衣服……服饰介我等与虚无。视汝等身体，以一面明镜：汝将知道汝乃必死者；抚摸汝之肋骨，如弹奏一曲曼陀铃，汝将看到汝何等接近于坟茔。因我等皆衣冠者，故我等自诩为不朽者：如何能死，于系领带时？异服的尸体无知自己，想象永恒，适应幻觉。鲜肉包裹骷髅，服装蔽护鲜肉，自然的计谋，人类的借口，本能的欺诈，习俗的骗局：贵人不能沾泥染尘……尊严、荣誉、庄严——无数逃避，先于无医。当汝自冠，谁将言汝已滞于腹中，或谓千万蠕虫狼吞汝身？

……此乃以何，我当弃此褴褛，掷人生之面具，远离此刻，以曾和他者，竭尽全力，以背叛自己。于昔时，隐士不挂一丝，以同一于自：或于荒漠中，或于街道上，以相同的方式，其乐于自己的贫穷，得至高的命运：相当于死……

于癞者间

以自慰于懒惰的内疚，我假借贫民的道路，急于贬低自己和堕落自己。我结识之，种种无赖，有滔滔不绝者，有恶臭者，有痴笑者；自没于其污浊，我乐于其腥臭的口气，也乐于其活跃的灵气。是无情的，于成功者，其天赋，无能一切，有力佩服，尽管其演出乃世界之最悲剧：诗人无才，小姐无客，商人无货，有情无欲，弃妇地狱……这就是，于最后，我自言，人之否定的完成，这就是，赤裸者，此存在，其自称有一神圣的直系，假装成绝对者的可怜虫……乃其当至者，以此形象，其相似者，上帝不曾插手的污泥，天使不曾篡改的野兽，分娩于呻吟中的无限，诞生于痉挛时的灵魂……我注视之，其沉默的绝望，至于其终点的精虫，其阴森的面容。我淡定了：我还有路要走……于是，我害怕了：将我同样堕落卑鄙？于是，我恨瘪嘴的老妇，蹩脚的诗人，情场的废物，商业的无能，灵肉皆败的模范……人眼惊呆了我——我有意重获骄傲，以接触这些浪人：我得到的，乃一颤栗，其相似者，一活人之体验，以喜悦于未死，摇摆于棺木……

论一个理念的创业者

他掌握一切，一切从之；不是当代的一切，他无法理解。充沛精力于智力的手艺，轻松登陆一切精神与风格的领域——从哲学至电影——炫目，必须炫目。所有问题都经不起他的分析，所有现象于他都不是奇异，所有诱惑于他都是同一。此乃一霸主，其唯一秘密：薄情；无伤于对立一切，因为他不会重视于一切。其制作皆宏大华美，而无以趣味：内心体验因于种种范畴，排列似灾难的卡片或焦虑的目录。人道不幸，归档其中，一同者，其伤口的诗意。无可救药成为体制，甚至成了杂志，夸张如同流水文章，实实在在焦虑贩子。公众求之，街头之虚无主义和路人之辛酸苦涩喂之。

一思想者，无以命运，无限空虚，惊人广阔，他，开发其思想，欲之上众唇。后患无一：生在唯物时代，他将步简单主义，予之一无可置疑的引申；于浪漫时期，他将组《漫想大全》；于神学经院，他将捏造上帝，如捏造任何其他概念。面对种种问题，其机智令人窘迫：其中一切，卓越显著，除公正外。根本上，其非诗人，若言虚无，他不会颤栗；种种恶心，皆是深思熟虑；义愤应手，皆如事后发明——但其意志，超然神奇，同时又非常清晰，他可能是诗人，只要他愿意，附言之，他可能是圣人，只要他行动……既无偏好，也无偏见，其观点，皆事件；其信仰，有惋惜：其方法，有兴味；若听闻其登台布道，我不会吃惊，因为他自立于一切真理之上，因为他掌握它们，因而，于他，无一是必须的或有机的……

前进以冒险，领域无不陷；其步伐，不逊于其想法，皆是事业；其头脑非敌于其本能；举于他者之上，其无疲惫，也无痹欲之发愤苦修。一时之子，其译一时之种种矛盾，之无用繁荣；且，当时，其冲入征战，置无数部队，无数固执，而其成功，其名望相当以刀剑者，复位精神，从始至今，以种种于他是可恶的或未知的方法，

气性的真理

一些思想者，乏动人，乏个性，乏强度，自铸以其时代的形式，对之，另一者，立身其中，我们感到，其出现，无论何时，皆同一于自己，无忧于其时代，取其思想于自己的内心，于其缺陷的特定永恒。外部者，风格之一些特点，一特定发展之一些特有趋势，唯取于其外。钟情于自己的厄运，他们回忆，以忽然而暴力的入侵，以悲惨而孤独的闪现，皆近于世界末日与精神分裂。克尔凯郭尔、尼采，若生在最平庸的时期，其灵气不会减弱一点，其激情不会冷却一些。他们亡于自己的火焰；若早生几个世纪，他们将死于火刑架：对于普遍的真理，他们注定是异端。是不重要的，或没于自己的火焰，或烬于众人的添柴：气性

的真理必偿以一方式或另一手段。脏器、血液、疾病、缺陷，共同商议，予之诞生。孕于主观性，可感一"我"于每一者后，一切将是告解：一声肉体的尖叫将是最平庸的感慨之源。即便一理论表面客观，唯务于背叛其作者，出卖其秘密，其痛苦，不是其面具的普遍性是不存在的，甚至逻辑，一切于他皆自传借口；其"自我"侵入种种理念，其焦虑已化为标准，为独一之真实。

过敏者

留之于其生活者去留之于其理性者。琐事或灾厄——苍蝇的经过或地球的抽筋——同等惊恐之。以其着火的神经，他希望地球是玻璃的，以粉碎之；且以何等的渴望，他欲冲向个个恒星，一一地爆破之……罪恶闪烁于其双瞳；其双手徒劳紧张于扼杀：活力传递，如同麻风：生灵无数，皆为杀戮。乃于其天性中，不能自杀者以自愿复仇一切欢乐于存在者。而以失败，他僵如犯人，怒于毁灭不能。见弃的撒旦，他哭哭啼啼，捶胸掩面；其欲洒之血几不能染红其苍白的双颊，其苍白反映其厌恶于同类之进步所泌之希望。谋杀创世，乃其大梦……弃之，其陷入自己，溺于其失败的哀歌：另一种滥，由此产生。其肌燃：其热周行世界，穿越宇宙；其脑火：空气易爆。其痛苦充满星空；其悲伤颤栗两极。一切暗喻存在者，最微弱之生气，发其尖叫而累星球和谐，损世界运动。

反对自我

一精神迷人，唯以其矛盾，以其运动的紧张，以其观点倾向之离分。马可·奥勒留，身入远征，心更向死亡观于帝国观；朱利安，作为人君，惜静修生活，慕智者贤人，费夜于写作，以反基督教徒。路德，以野蛮的活力，陷入原罪的魔障，且僵于其中，无以平衡其精雅粗俗。卢梭，误解于其本能者，生活唯以其真诚观；尼采，其全集，不过一力量的颂歌，过一无力的存在，令人心碎的单调……

因为一精神重要，唯以其误解于其所欲者，于其所爱者，或于其所恨者；其乃多者，故不能自定。一翻译绝望无以陶醉者，一鼓吹希望无以尖酸者，皆只配鄙视。乃唯一者，当我们之依恋，不重其过往，不尊礼仪或规矩，无视逻辑或评论者：何能爱之，一征服者，若冲入事件风云，以一失败之心，或一思想者，若未克自卫本能，于自我之内？原形无用者，无望于有一生活……若其有一者，或其无——皆系于他者……布道其变化，其不再塞于一理想的自我；其气性构成其唯一的学说，时间之无常，其唯一之知识。

一崇拜之复兴

有废我人之性质，无益我任何价值。见处处，理想之禽兽，聚以羊唱其希望……甚至有些人，不曾共同生活，被迫为之，如同鬼魅，若非之，何目的，我们设想之，圣徒之"通体"？……以求一真正的孤独，我重温岁月，我之发现，我之嫉妒，唯魔鬼……理性逐之，心灵求之……谎话大神，黑暗君王，天国叛徒，人类死敌——甜蜜非常，忆种种败其孤独的名字！且我爱之非常于其后，众人弃之日复一日！愿我能复之于其原始的地位！我信仰之，以全部我信仰的不足。其陪伴，于我，乃必须者：一个孤独的存在走向最孤独的存在，走向独一者……我必须倾向之：我力量，以赞美——因为害怕失业——故我承担之。此刻，我面对我的模范：我依恋之，我惩罚我的孤独，因为其不是完全的，我制造另一孤独，其是超越的：此乃我谦卑的方式……

我们更换上帝，只要我们可以；因为神都是正义的，只要其永续我们之至高的孤独欲……

我们，穴居人……

价值不积：一代贡献新者，唯以践踏先代之独一者。此更明显者，时代之继续：复活（文艺复兴）不能"救"中世之野蛮，之奇幻，之深刻。光照世纪（启蒙时期），于其当值，存于复兴者，唯普遍之情理，无以悲怆，其风貌之标记。现代的幻觉陷人类于将来的晕厥：永恒中已无其基础，无其"实质"。所有征服——精神者或政治者——皆有一败；每一征服，皆是肯定……杀戮。于艺术领域——唯一者，于其中，我们能言说精神生活——一“典范”唯立于前者的废墟：真艺者，皆叛徒，欺师灭祖……历史中，无优越：共和—君主，浪漫—古典，自由主义—计划经济，自然主义—抽象艺术，非理性主义—理智主义，种种机构，同于种种思潮，种种情绪，价值相当。思想风格，一者不会接受另一者；我们是什么，唯以排除：无人能兼容有序与无序，抽象与直接，冲动与宿命。综合时代，创造不在：其概述他者的狂热，其摘要混杂，混沌——一切折中皆末日之一迹象。

于一步之进，继一步之退：此乃历史之无果的摆动——变动者……恒静者……自由受骗于进步之海市蜃楼——其精妙之主张皆成为可笑之荒唐。进步？——我们可能发现之，于卫生学中……但于他处？于科学发现中？其不过皆是不祥的光荣。谁，以诚信，能选择，或石器，或科技？同近于猿，以一者同以另一者，我们登上云天，以同动机于爬树：好奇之手段——纯洁者或罪恶者——乃唯一之变化者，且——以乔装的反应——我们更加各种凶残。接受单纯的任性或拒绝某个时代：应当接受或拒绝历史以一块。进步观使我们皆自命不凡于时代的顶端，但这些顶点是不存在的：穴居人，曾恐惧颤栗于地下洞穴，仍颤栗于摩天大楼。我们的不幸资本穿越时代而完好无损，但我们有一者优于我们的祖先：我们的不幸有更好的投资，因为我们的灾难有更好的组织。

败之相

畸形的梦想充满货店和教堂：我其中之遇见，无一人不生活以谵妄。于最小的欲望，含疯狂的发源，只需顺应自卫的本能，以配精神病院。生活——错乱之发作，物质之震撼……我呼吸：此足以禁闭我。无能至于死亡的光明，我匍匐于白日的黑影，且存在唯以不再存在之意志。

曾经，我自认为能破碎空间，以一拳击，能玩弄恒星，中止时间，或操纵之，以我心意。伟大的船长，显于我者，伟大的懦夫，诗人，贫穷的结巴；不会之，物、人、词对我之阻力，自信会更多者于宇宙所许者，我自溺于一可疑的无限，于一宇宙起源论，其出于一不能自断的青春……何其简易，自以为神，以心脏，何其艰难，成为上帝，以精神！何等数量的幻觉，我必须有之于天生，以能够一日一失！活着，乃苦难神剧。

分离我与我的尸体之间隔，于我，乃一伤口；可是，我徒劳地向往坟墓的引诱：不能放弃任何，也不能停止心跳，我体内一切保证于我蠕虫将失业于我的本能。无权于生，不能于死，我自恨，自恨中，我梦见另一生，另一死。因为有望于成为一个前所未有的智者，我只是疯人中的一个……

下人行列

入其道外，入其本能之外，人类，已终于一死路内。他跳级……以赶上他的死期；一动物，无未来，其陷于其自己的理想，亡于其自己的游戏。以有望超越自己而无以停息，他结成固体；其唯一的能源，乃重复自己的疯狂，且受其罪，且为其他。

可是，有人，于他，此能量仍是不可的："不再习惯于为人，他们自言自语，我们仍属于一部落，一人种，一物种吗？只要我们有生的偏见，我们就会站一错误，其使我们平易近人。但我们皆脱于物种……我们的英明，破碎我们的骨骼，化我们为一软弱的存在——无脊椎的贱民伸展在物质上以粘液玷污之。现在，我们是蛞蝓之一，现在，我们至于此可笑的终点，于此偿还以滥用才能与梦想……活着不是我们的幸运：甚至于此刻，我们皆醉于生活，我们的全部快乐皆出于我们于其上的兴奋；复仇我们，它将我们拖入其下：向下流生活的下人行列……"

相同者，会多久？

此星辰，于其下，我诞生，愿其永受诅咒，诸天不佑，崩裂当空，灰尘下流！此时刻，不忠者，投我于人间，愿其永灭，时间不列！我之欲望不能再和之，此生死之混合，于其中永恒日日贬值。倦于未来，历历白日，可是我苦恼于无名欲望的泛滥。似一发疯的智者，将死于世，大怒于之，我，废我之种种幻觉，以激怒之更多。此狂怒，在一个不测的宇宙里——一切又重复其中——将永无止境？至于何时，我反复自语："我憎恨此我所爱的生活？"谵妄的失灵使我们都成了顺从无聊宿命的神灵。以何，我们再反抗此世界的对称，当混沌（le Chaos）本身不过是一种无序的体系？我们的命运同朽于大地星辰，我们，散步，如认命的病人，至于人生的结束，至于一好奇于可见的、可怕的、可笑的结局。

浙江省版权局著作权合同登记图字：11—2022—208 号